从本能交易到纪律交易

巴菲特、格雷厄姆、利弗莫尔等16位投资大师败中求胜的秘密

[美] 迈克尔·巴特尼克 Michael Batnick 著

BIG MISTAKES

The Best Investors and Their Worst Investments

中国青年出版社

图书在版编目（CIP）数据

从本能交易到纪律交易：巴菲特、格雷厄姆、利弗莫尔等16位投资大师败中求胜的秘密 / (美) 迈克尔·巴特尼克著；吴春雷，马林梅译. -- 北京：中国青年出版社，2025. 5. -- ISBN 978-7-5153-7639-4

Ⅰ. F830.9

中国国家版本馆CIP数据核字第2025AH8714号

从本能交易到纪律交易：
巴菲特、格雷厄姆、利弗莫尔等16位投资大师败中求胜的秘密

作　　者：［美］迈克尔·巴特尼克
译　　者：吴春雷　马林梅
责任编辑：肖妩嫔
文字编辑：侯雯洁
美术编辑：杜雨萃
出　　版：中国青年出版社
发　　行：北京中青文文化传媒有限公司
电　　话：010-65511272 / 65516873
公司网址：www.cyb.com.cn
购书网址：zqwts.tmall.com
印　　刷：大厂回族自治县益利印刷有限公司
版　　次：2025年5月第1版
印　　次：2025年5月第1次印刷
开　　本：787mm × 1092mm　1 / 16
字　　数：140千字
印　　张：11
京权图字：01-2023-4489
书　　号：ISBN 978-7-5153-7639-4
定　　价：59.90元

谨以此书献给容忍我不断犯错的父母，

也献给在我犯错时始终相伴左右的爱妻罗宾。

赞 誉

PRAISE

经常有人告诉我们，优秀的人是如何做事的，但没有人告诉我们，优秀的人是如何犯错的。在《从本能交易到纪律交易》一书中，迈克尔·巴特尼克阐述了沃伦·巴菲特等受人尊敬的投资者以及马克·吐温、艾萨克·牛顿等才华横溢的名人是怎样损失巨额资金的。

——贝瑟尼·麦克林（Bethany McLean）

《房间里最精明的人》作者

迈克尔·巴特尼克这本投资书籍非常精彩，它也是一本内容可靠的金融史书籍。重点阐述失败的投资及其原因，往往比重点阐述成功的投资更具有指导意义。

——吉姆·查诺斯（Jim Chanos）

尼克斯联合基金（Kynikos Associates）总裁兼创始人

迈克尔·巴特尼克的新书《从本能交易到纪律交易》是难得的佳作。它简明扼要地讲述了卓越的投资大亨们犯过的错误，而且时时提醒我们，每个人都会犯错，我们能做的最明智的事情就是，从自己和他人的错误中吸取教训，提升我们的投资业绩。值得高兴的是，我们很容易就能避免犯一个大错误——要阅读迈克尔写的这本引人入胜、内容丰富的新书，不阅读就是犯了一个大错误。

——詹姆斯 · 奥肖内西（James P. O' Shaughnessy）

《投资策略实战分析》作者

迈克尔的这本书是我们这个时代非常重要的一本投资书籍。仅凭聪明才智不一定能做出优秀的投资，还需要情绪稳定，严格自律。这本书讲述了没有做到这两点的投资者犯下的错误。由于他们当中的许多人都是有史以来最卓越的投资者，他们的经验教训对我们来说尤为重要。

——摩根 · 豪泽尔（Morgan Housel）

《金钱心理学》作者、合作基金（Collaborative Fund）合伙人

目　录

CONTENTS

前言

PREFACE

学而不思则罔，思而不学则殆。

多闻，择其善者而从之；多见而识之。

吾尝终日不食，终夜不寝，以思，无益，不如学也

——孔子

在股市里赚钱很困难。无论你是管理对冲基金还是自己的交易账户，你总会在某些时候觉得自己很愚蠢。当市场低迷时，其他人同你一起经历痛苦，但在很多时候，你要独自面对困境。你可能会在某只股票的价格翻倍后买入它，之后却看到它的价格一路下跌，或者更糟糕的是，你觉得某只股票再无翻身的可能，因此抛售了它，但在接下来的12个月时间里，你眼睁睁地看着它的价格翻倍了。有时你会觉得，市场之神在故意捉弄你。

要想了解投资有多难，最好的方法是亲身实践投资，其次是审视全球顶尖投资者犯下的大错误，这正是我写作本书的目的。从杰西·利弗莫尔（Jesse Livermore）到约翰·博格（John Bogle）再到沃伦·巴菲特（Warren Buffett），每一位取得过辉煌成功的投资者都曾经历过惨痛的失败。有的是错失了投资良机，比如巴菲特和芒格没有买入沃尔玛（Walmart）的股票；有的是在错误的时间买入股票，比如斯坦利·德鲁肯米勒在2000年初科技股的价格达到顶峰时买入了这类股票。

本书旨在帮助读者了解这些投资巨头犯过的一些错误，从中汲取经验教训，在自己的投资旅途中少走弯路。

从彼得·林奇（Peter Lynch）到普通人，所有的投资者都受七情六欲的影响。我们都厌恶风险，我们都坚守自己确定的买入点，我们都被后见偏差（Hindsight Bias）所操纵。当我们经历失败（通常情况下是自己造成的）时，客观理智地对待它们就成了一项非常艰巨的任务。尽管困难重重，但我们必须想方设法防止过去的错误干扰我们未来的决策。

人们通常会努力效仿成功人士。科比·布莱恩特（Kobe Bryant）研究了迈克尔·乔丹（Michael Jordan）的技术，保罗·都铎·琼斯（Paul Tudor Jones）效仿了杰西·利弗莫尔的成功做法，这都是合情合理的事实。还有一些人采取了不同的方法，他们研究的是个人或公司的失败经验，他们希望能从中吸取教训，避免自己未来的投资受损。正如查理·芒格所说，“我只想知道自己将在哪里死去，这样我就不会去那里了”。本书从完全不同的角度出发，聚焦于顶尖投资者的失败经历。这么做并不是为了得出“哦，这么做没用，不要这么做”的结论，而是为了在我们做出错误的决策时，我们能意识到自己错在了哪里，而且深刻地理解，犯错是交易游戏的一部分。和其他任何学习过程一样，要学会投资，就必须亲身实践。阅读了一本有关心脏手术的书并不能保证你能完成一台心脏搭桥手术。同理，阅读了一本关于投资的书也不能保证你学会投资，你需要一次又一次地去亲身实践。

本书不具体讲如何操作。如果说读完它的人有什么心得体会的话，那就是投资极其困难。你会犯错，而且会重复犯错。你还会犯下新的错误。就在你认为自己已经想通了投资是怎么一回事时，市场会再次教你怎么做人。你必须从容面对，不要让这些小沙丘演变成大山。一旦你的大脑被消极的思想所侵蚀，要消除它们就很困难了。

成功的投资者最重要的一个共同点是，他们关注的是自己能把控的因素。他们不会浪费时间担心市场走势如何，担心美联储会做什么，担心明年的通货膨胀率或利率会是多少。沃伦·巴菲特说:“就投资而言,人们应该注意的,不是自己到底知道多少,而是自己到底不知道多少。”

我很享受写这本书的乐趣,我衷心希望你能享受阅读它的乐趣。

迈克尔·巴特尼克

CHAPTER 1

第1章

本杰明·格雷厄姆

不存在什么金科玉律

> 我在华尔街工作了近50年，我发现我对股市的走势越来越不了解了，但对投资者应该做什么却越来越了解了；这是非常重要的态度转变。
>
> ——本杰明·格雷厄姆

200年后，恐怕没有人会记得比尔·阿克曼（Bill Ackman）对康宝莱（Herbalife）[①]的讨伐了；约翰·保尔森（John Paulson）押中房地产泡沫一事也已被人们遗忘很久了；查理·芒格的芒格理论（Mungerisms）也被扔进21世纪的垃圾桶里了。在历史的长河里，卓越的投资者不断涌现，但被后世铭记的寥若晨星。不过，如果必须从中选出一位经得起时间考验、值得后世铭记的投资者的话，那么我认为他应该是本杰明·格雷厄姆。

这位众所周知的华尔街教父（The Dean of Wall Street）将被世人永远铭记，因为他的投资理念历久弥新、永不过时。他在开创性的著作《证券分析》（*Security Analysis*）中提供的经验，从1934年直至200年后的今日一直适用。时间的流逝不会改变人性，也不会改变这一事实："在证券领域中使用分析方法时，我们遇到了一个严重的障碍，即投资本质上不是一门精确的科学。"尽管格雷厄姆很有数学天赋，但他明白物理定律并不适用于证券分析。他在金融领域做出了多少开创性的贡献，怎么强调都不为过。贾森·茨威格（Jason Zweig）写道："在格雷厄姆之前，基金经理很像中世纪的同业公会，其行为主要受迷信、猜测和神秘仪式的引导。"本杰明·格雷厄姆在投资领域做出的贡献堪比莱特兄弟（Wright Brothers）在飞机领域做出的贡献。提到飞机，人们就会想到莱特兄弟；提到金融，人们也

---

① 该公司成立于1980年，总部设在美国洛杉矶，是全球领先的营养和体重管理公司，纽约证券交易所上市公司。——译者注

会想到格雷厄姆。莱特兄弟的名字永远与飞机联系在一起，格雷厄姆的名字也将永远与金融联系在一起。

格雷厄姆认为，报纸上显示的股价和企业的内在价值不一致，当时鲜有人意识到这一点。在谈及莱特兄弟创立的航空公司时，格雷厄姆写道：

> 莱特航空公司（Wright Aeronautical）早期的情况表明，该公司的价值明显高于每股8美元……后期的事实同样表明，该公司的价值达不到每股280美元……分析师很难确定莱特航空公司的实际价值是每股20美元还是40美元……是50美元还是80美元……幸运的是，他们无需计算出这些数字就能确定，每股8美元的价格具有吸引力，而每股280美元的价格则过高了。

《证券分析》是为华尔街的专业人士写就的。然而，真正让格雷厄姆之名广为人知的，却是他所著的《聪明的投资者》（*The Intelligent Investor*）一书。这是我读过的第一本金融专业书籍，它给我留下了极为深刻的印象，以至于我把自己博客的名字定为了“不相干的投资者”（The Irrelevant Investor）。与《证券分析》不同，《聪明的投资者》是为外行写就的，其销量超过了100万册。格雷厄姆实现了传播自己投资理念的目标。沃伦·巴菲特说：“我在1950年初阅读了这本书的第一版，当时我刚19岁。我认为它是投资领域有史以来写得最好的一本书。我现在仍然这么认为。”想学习投资的人都绕不开格雷厄姆，他以价格和价值等浅显易懂的词汇把净营运资本（net working capital）和净资产收益率（return on equity）等艰涩深奥的术语表述了出来。

本杰明·格雷厄姆是金融分析的开山鼻祖。罗杰·洛温斯坦（Roger Lowenstein）说：“格雷厄姆对投资的意义就如同马克思对共产主义的意义，没有他，这一领域就不会存在。”他是一位博学的人，查理·芒格称他是“一位才华横溢的人”，也是“当时投资界唯一的知识分子”。刚满20岁的他即将从哥伦比亚大学毕业时，同时收到了英语系、数学系和哲学系的3份工作邀请。但他拿不定主意，于是向系主任寻求建议。幸运的是，纽约证券交易所（New York Stock Exchange）的一名成员碰巧也来拜访这位系主任，请他推荐一名最优秀的学生。系主任毫不犹豫推荐了本杰明·格雷厄姆。

1914年，20岁的格雷厄姆在华尔街开启了他的职业生涯，此时距纽约证券交易所因第二次世界大战出现有史以来时间最长的一次停牌还有4个月的时间。他在大学里没有上过任何经济学课程，只能从基层开始做起。他最初负责证券和支票递送工作，一个月后，他被擢升为债券部门的助理。6周后，他凭借卓越的才智，开始每天写一份行情简报。

从1928年开始，本杰明·格雷厄姆在哥伦比亚商学院任教了28年，还在纽约证券交易所开办的学校，即现在的纽约金融学院任教了10年。他吸引了像沃尔特·施洛斯（Walter Schloss）、欧文·卡恩（Irving Kahn）和比尔·鲁安（Bill Ruane）这样的学生。当然，他最有名的学生是沃伦·巴菲特，后者运用他教导的原则成了世界上最富有的人。

格雷厄姆是投资领域彪炳史册的人物。不过，尽管他在理财和财商教育方面均取得了巨大的成功，但他和其他人一样，在职业生涯中也经历过艰难的时期。格雷厄姆在课堂上讲授、在著作里写出来的经验教训，永远值得我们学习，但我们也可以从他的失败经历中学到很多东西。他教导投资者要区分价值和价格，投资者从他那里得到的最重要的教训是，价值投资不是万能药；便宜的股票也会变得更便宜；富人可以变得更富有；安全边际可能被误判；价值可能无法实现。

一些投资者寻找的是他们预计利润增速明显高于大盘的公司，而另一些投资者则更喜欢寻找那些发展前景不像其股价所反映的那么糟糕的公司。无论你认为自己是成长型投资者、价值型投资者，还是介于两者之间，抑或是其他类型的投资者，你都希望你买入的股票的价值高于你支付的价格。价值投资是确定你为公司部分业务支付的价格是否低于其实际价值的有效方法。

《证券分析》出版时，道琼斯工业股票平均价格指数（the Dow Jones Industrial Average）为100点，在90多年后的今天，该指数在22,000点附近徘徊，年均增长率为6.7%，不包括股息。一些最知名的投资者，也是格雷厄姆所倡导的价值投资的信徒，通过遵循一些简单的规则，获得了更高的回报。这些规则都可被归结为格雷厄姆所说的“安全边际”，格雷厄姆将其定义为“股票现价与其最低内在价值之间的差额”。计算安全边际需要运用一些公式，但它们并不复杂。格雷厄姆喜欢以低于净营运资本1/3的价格买入股票。他曾经指出，“自1933年以来，若投资者每年以最低的公司近期盈余倍数计价买入道琼斯工业平均指数的6只成分股，那么他们可以获得非凡的收益”。

格雷厄姆之所以有如此出色的投资业绩，并不是因为他确定了内在价值的计算方法，而是因为他明白，确定精确的价值既不可能，也不是成功的先决条件。“要想知道一位女士是否符合选举年龄的规定，并不需要打听出她的确切岁数；要想判断一位男士是否过于肥胖，也无需知道他的确切体重。”

格雷厄姆远远领先于他所处的时代，早在行为经济学（behavioral economics）这个术语出现之前，他就撰写了相关的文章，开始研究心理学如何影响投资决策了。就在《证券分析》出版的那一年，诺贝尔经济学奖获得者丹尼尔·卡尼曼（Daniel Kahneman）出生了，正是他将行为经济学纳入了经济学主流。格雷厄姆指出，一些投资者的认知和情感偏见会导致实力雄厚的公司的股票在12个月内暴跌50%。他研究了通用电气公司（General Electric）的案例。1937年通用电气公司的市值为18.7亿美元，仅一年后，其市值就跌到了7.84亿美元。格雷厄姆写道：

> 当然，在这12个月内没有发生任何能摧毁这家强大企业一半以上价值的事情，投资者甚至没有假装声称1937—1938年的收入下降对该公司的未来发展会产生任何长久的影响。通用电气公司的股价达到64.875美元的高点是因为公众看好其发展前景，而股价跌至27.25美元的低点是因为这些人不看好该公司的发展前景。说这些价格代表了“投资价值”或“投资人的评估”，要么是在亵渎英文，要么是在亵渎常识，或者是两者兼而有之。

格雷厄姆告诉他的学生和读者，价格的波动性大于价值的波动性，因为价格是由人决定的，而价值是由企业决定的。

在《聪明的投资者》一书中，他通过“市场先生”这个虚构人物的故事，阐明了股价剧烈波动的现象：

> 假设你在某家非上市企业拥有少量股份，比如说1000美元的。你的一位合伙人名叫市场先生，他是一位非常热心的人。他每天都会根据自己的判断告诉你，你的股权价值多少，而且他还让你以这个价值为基础，把股份全部出售给他，或者从他那里购买更多的股份。有时，他的估价似乎与你了解到的企业的发展状况和前景相吻合；然而，在很多情况下，市场先生的热情或担心有些过度，这样他所估出的价值在你看来似乎有些愚蠢。

今天的金融世界与当年格雷厄姆投资和教学时的明显不同。1934年纽约证券交易所的交易总量为3.23亿股。2017年8月9日，就是我撰写到这里的时候，纽约证券交易所的股票交易总量为32亿股。一天的股票交易数量大约是1934年全年的10倍！如今，超级计算机可即时解析经济报告和企业的财务报表。在格雷厄姆所处的时代，虽然提供季度报表被视为标准做法，但法律并没有强制规定企业这样做。公司提供的财务信息并不统一，内容多种多样，既有净利润，也有逐项列出的损益表和资产负债表。格雷厄姆希望损益表至少包含以下内容：销售额、净收益、折旧、利息支出、营业外收入、所得税、支付的股息和盈余调整等。在《证券交易法》（“Securities and Exchange Act”）出台之前，只有不到一半的工业企业提供了这些数据。

格雷厄姆的价值投资理念是，买入“烟蒂”（cigar butts）股，即“还能吸上最后一两口”的公司的股票。这些公司坐拥地产、厂房和设备、库存和原材料，衡量其有形资产和计算其内在价值并不困难。他可以据此确定这些公司是否有安全边际。如果格雷厄姆还活着，他不会理解今天的一些公司是怎样估值的。例如，在过去几年里，沃尔玛的销售收入为2.4万亿美元，净利润为750亿美元，净利润率为3.15%，但其市值却缩水了36亿美元。又例如，亚马逊的销售收入为4900亿美元，净利润为35亿美元，净利润率为0.73%，但其市值却增加了3500亿美元。虽然从直觉上说，价值投资很有道理，但人类的情绪波动有可能会压倒常识。价格既可能低于公司清算价值，也可能远远超过对公司发展前景的合理预期。虽然格雷厄姆不知道交易型开放式指数基金（ETF）或高频交易（high-frequency trading），但在今天的市场上，涨跌仍然是由投资者的情绪驱动的，他对此不会感到陌生。如今，投资者往往会因为恐惧和害怕错失良机而做出决策，他对这样的行为再熟悉不过了。

罗杰·洛温斯坦说："格雷厄姆花了整整20年的时间，也就是说，从一路高歌的20世纪20年代大牛市到黑暗的、接近末日的30年代初这一完整的周期，将自己的投资哲学凝练成了一门严谨的学科，足以与他在大学里学到的欧几里得定理相媲美。"我们从头讲起。

格雷厄姆于1923年成立了一家合伙企业——格雷厄姆公司（Graham Corporation），他利用套利技术牟利，即同时购买低估值的证券和做空高估值的证券。这样的操作持续了两年。1926年，他开设了本杰明·格雷厄姆联合账户（Benjamin Graham Joint Account）。根据这种结构安排，他将获得前20%收益的20%，之后30%收益的30%，以及其余收益的50%。1926年，他获得了32%的收益，而道琼斯工业平均指数当年的涨幅仅为0.34%。他的成功在华尔街引起了轰动，著名的金融大亨伯纳德·巴鲁克（Bernard Baruch）向他抛出了橄榄枝，邀请他做自己的合伙人。

格雷厄姆受宠若惊，但由于他在前一年赚了60万美元，因此没有理由接受这一邀请。他以45万美元资金起家，在短短的3年内，身价就飙升至250万美元。不过，别忘了这一点：本书的目的是让读者从有史以来最出色的投资者的失败经历中吸取教训。格雷厄姆马上就要栽大跟头了。

在20世纪20年代大牛市的最后一年，格雷厄姆的联合账户获利60%，跑赢了道琼斯指数49.47%的涨幅。在1929年的最后几个月里，市场急剧下行，格雷厄姆平掉了空仓，保留了持有的可转换优先证券，因为他认为股价太低了，市场先生疯了。当年他的联合账户亏损了20%，道琼斯指数下跌了17%。格雷厄姆将要明白这个道理：当市面上的股票鱼龙混杂，所有的股票都遭到抛售时，有没有安全边际就变得无关紧要了。

1930年，格雷厄姆认为最艰难的时期已经过去，于是全力以赴出击。他认为交易一些股票会带来丰厚的回报，于是开始借入资金做交易。但是，最艰难的时期还没有过去，股市仍未见底。道琼斯指数暴跌，格雷厄姆亏损了50%，经历了他人生中业绩最差的一年。“他个人在这次股市崩盘中损失惨重。他躲过了1929年的大股灾，但在市场最终触底前，他没能经受住诱惑，重返了市场。”从1929年到1932年触底前的4年里，格雷厄姆亏损了70%。就连他这样细心严谨的分析师都能亏损70%，我们就更应该小心谨慎了。我们必须明白这一点：虽然从长远来看，价值投资是个很好的选择，但它也不能免受市场短期波动的影响。

1932年，就在股市触底几周前，格雷厄姆在《福布斯》（*Forbes*）杂志上发表了3篇文章。他在题为《坐拥大量现金的公司和资产贬值的股东》（“Inflated Treasuries and Deflated Stockholders”）的文章中写道：

> 实际上，还有几十家公司的市值也低于其银行存款。这意味着大量的美国企业以清算价值报价；按华尔街近期的最佳判断来看，这些企业破产清算比苟延残喘更有价值。

在这篇文章中，格雷厄姆在一群陷入财务困境的“僵尸”中发出了理性的呼声：

> 现在是时候了，数以百万计的美国股民不要再翻阅每日市场报告了，关注这些报告的时间已够长了，应该把目光转向他们所持股票的企业本身了，这些企业存在的目的就是为他们带来利益和满足他们的意愿。

道琼斯工业指数从峰值下跌了89%，我们能理解股民们为什么会有这样的表现，以及为什么一代投资者永远不会再涉足股市了。此时的格雷厄姆仍然坚信，证券分析是值得做的事情，这实属难能可贵。

1926—1935年，格雷厄姆的合伙企业每年的收益率为6%，同期标普500的增长率为5.8%，道琼斯指数的增长率为3.8%。尽管经历了艰难的时期和巨大的损失，但格雷厄姆没有退缩。他仍然认为价值投资是实现卓越业绩的最明智的方式，并据此经营自己的企业。他坚信股价最终会反映股票真正的价值，因此他在格雷厄姆·纽曼公司（Graham Newman）的招股说明书中表示，其投资策略是

“在仔细分析后，以低于证券内在价值的价格买入，特别强调以低于证券清算价值的价格买入”。当被问及是什么因素导致股票回归其真正的价值时，格雷厄姆回答说：“这是投资业务的一大奥秘，对我和其他人来说都是个谜。我们从以往的经验中得知，市场价格最终会反映股票的真实价值。”事实证明，格雷厄姆所说的是对的；从长期来看，买入并持有廉价股票是个好策略。在此后长达20年的时间里，格雷厄姆·纽曼公司每年的收益率比大盘高出了近3%，没几个人能有这样出色的业绩。

投资者愿意支付的最低价格是前12个月每股收益的5倍，愿意支付的最高价格是前12个月每股收益的34倍，这一事实表明，单靠估值不足以做出明智的投资决策。别说你不是坚定的价值投资者，即使你是，在价格与价值长期分离的情况下，无论价格是偏高还是偏低，你都会感到疲惫不堪。你当然有权利以你认为合理的价格买入任何股票。你认为前12个月每股收益25倍的价格太高了吗？你想以前12个月每股收益10倍的价格大肆买入吗？没问题，但你要明白，等待股价“回归正常水平”的做法已经让一些卓越的价值投资者在其职业生涯中留下污点了。你可以阅读所有关于市场先生情绪波动的文章，但这并不能使你成为弗洛伊德博士（Dr. Freud）。

尽管格雷厄姆开创了证券分析的先河，但他也清楚，过去有效的方法在今天不一定有效，今天有效的方法在未来也不一定有效。他说：

> 不幸的是，在进行证券分析时，你试图根据过去的行为确定关系，你几乎总有这样的经验：当你经过足够长时间的验证，对自己的计算方式有了足够的信心时，新的情况就会出现，从而使你的计算方式在未来变得不再可靠。

价值投资法仍然“有效”，但正是因为这种方法过去非常有效，导致了大量雄心勃勃的巴菲特们涌入，这使得发现低估值股票变得更加困难了。早在人们普遍认识到这种变化之前，格雷厄姆就认识到这一点了。他在1976年接受采访时指出：

> 我不再提倡运用复杂的证券分析技术寻找卓越的价值投资机会了。40年前，当我们的教科书《证券分析》首次出版时，证券分析是值得做的，但自那以后，情况发生了很大的变化。在过去，任何训练有素的证券分析师在仔细研究后都能选择出被低估的证券；但鉴于目前有大量的研究正在进行中，我怀疑在大多数情况下，如此广泛的努力是否还能让投资者做出划算的选择。在非常有限的程度上，我选择支持经济学教授们普遍接受的“有效市场”学派。

有人问他：“通常情况下，华尔街的专业人士能否精准地预测短期或长期的市场趋势、股市走向呢？如果不能，原因何在呢？”他笑着回答说：

> 我们研究这个有趣的问题已经很长时间了，我必须坦率地说，我们的研究表明，无论是选择抛硬币，还是听取专家的一致意见，得到的结果都差不多。你的问题是，为什么它们不能更可靠一些，这是个非常好的问题，也是个非常有趣的问题。我对此的解释是：华尔街的每个人都很聪明，他们的才华相互抵消了。他们所知道的一切，都已经被反映在股价中了，而未来会发生什么，他们都不知道。

认识到价值的意义非常重要，但更重要的是，不要成为价值的奴隶。格雷厄姆告诉我们，金融行业里没有什么金科玉律，便宜的证券有可能变得更便宜。

本书所阐述的每个人的失败经历都表明，投资者要汲取经验，都必须经历痛苦的磨砺，这是不幸的事实。没有人会告诉你选股很难，或者指数基金是更好的选择。只有永远不会相信，一只在一年内跌幅高达50%的股票不一定值得你投资。你在抓住了几把落下来的刀子，并且手上被割得鲜血直流后，你才会发现价格大跌的股票不一定更值得你投资。本书中提到的许多投资者都是在格雷厄姆投资理念的启发下开启投资职业生涯的，但他们和你一样，都必须找到适合自己的投资之路。

CHAPTER 2

第2章

杰西·利弗莫尔

管控好风险

杰西·利弗莫尔是一位杰出的传奇人物，他的行为恰好诠释了当代每一条经典的交易格言。

——保罗·都铎·琼斯

低买高卖。

稳赚不赔。

在市场上血流成河时出手买入。

我们经常用这些公理或格言来证明我们买入、卖出或持有证券的合理性。经验法则的问题在于，它们掩盖了投资的复杂性。证券价格的涨跌受太多因素或相互作用的影响，无法用简短的语句加以概括。完全依靠经验法则可能会导致系统性的偏见、盲点和不断重复的错误决策。我们来看看丹尼尔·卡尼曼在《思考，快与慢》（*Thinking, Fast and Slow*）一书中提到的例子：

史蒂夫非常腼腆，少言寡语，虽乐于助人，却对他人或者这个现实世界没有兴趣。他谦恭有礼，做事井井有条，中规中矩，关注细节。史蒂夫更有可能从事哪种职业呢，图书管理员还是农民？

很显然，史蒂夫的个性和典型的图书管理员极为相似，但这些与职业密切相关的统计学因素很少有人关注。你们是否注意到，在美国，农民与图书管理员的比例超过20：1，由于农民数量要多得多，所以那些“谦恭有礼，做事井井有条”的人也常常只能成为坐在拖拉机上的农民，而不可能是坐在图书馆咨询台后的管理员。但是，我们发现实验对象往往忽略这些相关的统计数据，而仅仅依据相似度做出判断。于是，我们提出如下观点：人们把相似度当成一种简单的启发手段（简单地说就是经验法则）来做出艰难的判断。

对这种启发手段的依赖必然会导致其预测带有成见（系统性失误）。

想想这种思维在投资中是如何表现的。投资中涉及的变量太多了，致使你不得不使用快捷方法和名言警句。杰西·利弗莫尔的话被引用得最多了，例如："投机活动就像山丘一样古老。昨日之所见，今日必重现。""他们说，事物都有两面性，但股市只有一面，既非牛市的一面，也非熊市的一面，而是正确的一面。"

如果你是一名交易员，你主要关注的是站在交易正确的一边，那么把问题简单化可能会让你不知所措。股价将往哪个方向走？原来的走势如何？它们是由少数股票领涨（领跌）的，还是由板块多数股拉动的？投资者的看涨（看跌）情绪如何？我自己的投资组合是否让我无法客观地思考问题？问题有很多，列都列不完。虽然把问题简单化通常能带来更好的决策，但不是每一种情况都能用一句话加以概括。没有哪位投资者比杰西·利弗莫尔更能体现启发式思维的危害了，他曾经赚得盆满钵满，也曾经损失惨重，但他每次都能做出精彩简洁的分析。

杰西·利弗莫尔是名气最大，也许是最早出名的市场投机者。投资者应从利弗莫尔的经历中吸取的教训是，经验法则非常危险。当你意识到自己认同"在市场上血流成河时出手买入"时，最好记住这一点：就连创造了这些金句的人都不一定会坚守它们。"低买高卖"听起来很不错，但它和很多事情一样，说起来容易，做起来难。

杰西·利弗莫尔1877年出生于马萨诸塞州阿克顿（Acton）的一个农场。14岁时，他离家前往大城市波士顿（Boston）谋生，并且很快就在潘恩·韦伯证券经纪公司（Paine Webber）找到了一份股票行情抄写员的工作，周薪为6美元。

年轻的利弗莫尔一面学习股市知识，一面在笔记本上记录自己的模拟交易。经过18个月的准备，他来到一家小交易所开始交易，那里的投资者大多数都是业余的。他的第一笔交易是买入芝加哥、伯灵顿和昆西铁路公司（Chicago, Burlington and Quincy Railroad）的股票，他投资了10美元，仅两天就净赚了3.12美元。他很快就大获成功，到17岁时，他已经积累了1200美元的资金。尝到了成功甜头的他想要得到更多，于是决定离开潘恩·韦伯公司，专职从事投机交易。

在小交易所交易的人最后通常都会赔个精光，而那些赚了钱的交易者很快就会被老板发现，因此也无法长期盈利。利弗莫尔成了自己成功的受害者，不久之后，波士顿的小交易所都把他列为不受欢迎的人，不准他入场交易。

想继续交易的他不得不离开波士顿。他当时已积累了资金和几年的经验，而且已经遭受过第一次重大损失。在他的余生中，遭受重大损失的课题将重复出现。

1900年，23岁的利弗莫尔离开波士顿前往纽约。在到达纽约的当天，他直奔哈里斯赫顿证券公司（Harris, Hutton & Company），该公司由25岁的爱德华·赫顿（Edward Hutton）经营，他后来还成立了E. F. 赫顿公司（E. F. Hutton）。赫顿和利弗莫尔一拍即合。利弗莫尔在该公司存入了2500美元，并从该公司获得了22,500美元的信贷，他将这25,000美元全部投入了股市。

股市行情非常好，利弗莫尔在不到一周的时间里就赚到了5万美元。但他很快就会明白，业余和专业交易之间的差别，就像驾驶赛车模拟器和驾驶保时捷917之间的差别。

> 小交易所里显示的股票买卖价格是股票的报价，并不是股票交易所的实际成交价格。小交易所里的交易者做出决策时依据的是股票报价，而不是实际成交的价格。在真正的证券交易所里，股票报价纸带只是一种传达股价讯息的媒介，场内交易所的实际报价可能会与之大不相同。

1901年5月，利弗莫尔经历了职业投机生涯的首次重大损失，他因做空交易损失惨重。做空与做多恰好相反，这种交易非常适合利弗莫尔，因为他天生就是个怀疑论者。做空者不是先低买后高卖，而是先高卖后低买，从中赚取差价。

星期一开盘前，利弗莫尔下达了交易指令，以100美元的价格做空1000股美国钢铁公司（U. S. Steel）股票，以80美元的价格做空1000股圣达菲铁路公司（Santa Fe Railroad）的股票。他投入了全部自有资金以及4倍的贷款。换言之，这次交易不能有半点差池。当这两只股票的叫价分别为100美元和80美元时，没有人接他的卖单，而当股价降至85美元和65美元时，才开始有人接单，但这两个价格是他原本确定的平仓价。当行情变得对他不利时，他无法及时抽身，因为高杠杆拖累了他。他在短短几个小时内损失了5万美元。23岁的他身无分文了，事实上，他的境况比破产还要糟糕，因为他还欠了雇主500美元。

此时的他意识到，他在小交易所里积累的经验和教训不一定有助于他从事专业的交易。“报价纸带告诉我的是古老的市场行情历史，但我过去没有意识到这一点。”

利弗莫尔是哈里斯赫顿证券公司的优质客户，该公司提出向他贷款1000美元，但他没有接受这番好意。他很清楚，他还没有准备好参加专业赛场的比拼，他决定回到业余赛场，他知道自己在那里可以赚到钱。

问题是，纽约所有的小交易所都关门了，而波士顿的小交易所都不欢迎他。于是他去了圣路易斯（St. Louis），那里没人认识他。利弗莫尔又故技重施，仅在两天之内就赚到了2800美元。但在第三天，正当他打算下单时，他被告知，小交易所的老板要见他。他自称名叫“霍勒斯·肯特”（Horace Kent），但老板认出他就是臭名昭著的“投机小子”（Boy Plunger）杰西·利弗莫尔。

无奈之下，他又回到了纽约，在偿还了500美元的债务后，他还剩下2000美元的交易资金。

“股票交易员接受的训练就跟医生接受医学教育一样，都必须投入很长的时间去学习。”在接下来的几年时间里，利弗莫尔投入了不少资金和时间学习，而且不断积累资金。到28岁时，他已经积累了10万美元的资金，但还没有取得过一次辉煌的战绩。

当他在棕榈滩（Palm Beach）度假时，纯粹出于直觉，他决定做空1000股联合太平洋（Union Pacific）公司的股票。之后他觉得不尽兴，又做空了1000股，接着又追加了1000股。到当天收盘时，他一共做空了3000股，账面亏损了7500美元。

第二天早晨醒来时，他又追加了2000股，这样他建立了一个大空仓。为了更好地管控持仓，他决定返回纽约。

就在那个时候，321公里外的旧金山发生了地震。地震持续了42秒，方圆476公里范围内的人均有震感。在第一周内，地震造成了375人死亡，27.7万人无家可归。利弗莫尔确信，地震将对股市造成不利的影响，但当时的股市似乎不为所动。利弗莫尔决定继续追加空头持仓，一开始他做空了5000股，之后他决定放手一搏，再次将空头持仓翻了一倍。他称自己是在“耐心持仓，坐等钱来”，而且他认为，这是自己最终成功的原因，不过这是一种很难把控的策略。4月20日（星期五），股市终于崩盘，他的静等策略获得了丰硕的回报。星期六，他平掉了所有空仓，将25万美元收入囊中，按今天的美元计算，这笔钱的价值超过了600万美元。一夜之间，杰西·利弗莫尔成了有钱人。

此后他决定休息一段时间，安心享受他的首次辉煌战果。但他很快就按捺不住了，于是再次返回市场做空股票。在遭受了几次重大的损失之后，他投机赚到的90%的资金消失了。和往常一样，他对自己的问题分析得头头是道。“我又犯错了，但错在哪儿呢？在熊市看空市场，这是明智之举，看空市场、做空股票，这也没错。哦，错就错在我做空得太早了，这让我付出了巨大的代价。我的持仓正确，操作时机却不对。”

不过，他很快就回血了，在接下来的几个月里，他继续做空股票，大赚了一笔，不仅挽回了之前的损失，还有富余，最后积累了75万美元的资金。

1907年，奥古斯都·海因策（Augustus Heinze）和奥托·海因策（Otto Heinze）两兄弟试图联合查尔斯·莫尔斯（Charles Morse）逼迫联合铜业公司（United Copper）就范（获得控股权），但以失败告终，这导致该公司的股价在短短几天之内就从60美元暴跌至10美元。最终这3位金融大亨全部破产。他们为了操纵股价，从信托公司借了很多钱。当他们破产时，银行挤兑接踵而至，引发了市场恐慌。

当股市崩盘时，利弗莫尔做空了股票，账面收益一度高达100万美元。但由于缺乏流动性，没有人接他的空单，他也不相信自己能把账面收益变现。但当摩根大通（JP Morgan）加入并为市场提供流动性和信心时，他平掉了空仓，大赚了一笔。

到1907年底，未满30岁的利弗莫尔的身价已经达到了300万美元。但他又一次抑制不住那颗躁动的心了，他决定在大宗商品投机领域大干一场。1908年，他搬到了芝加哥，全职从事大宗商品投机交易。他首笔投机交易的对象是棉花期货，他前后累积了14万包的巨额头寸，从中获得了近200万美元的收益。这笔交易奠定了他的传奇地位，也让他获得了一个新的绰号，即“棉花大王”。

1908年的年中，刚刚赚了一大笔钱的他回到了纽约，此时他银行账户里的资金已经多达500万美元了。

他在棉花期货交易中的成功引起了世界上最著名、最受人尊敬的棉花期货投机者泰迪·普莱斯（Teddy Price）的关注。普莱斯向利弗莫尔表达了合作的想法，即由普莱斯提供相关的信息，由利弗莫尔操盘交易。利弗莫尔很快就婉拒了对方的好意。

虽然利弗莫尔对俩人之间的合作不感兴趣，但他并不介意发展他们之间的友谊，于是两人建立了非常亲密的关系。他们曾一起到棕榈滩度假。普莱斯对期货投资领域了如指掌，这一点对利弗莫尔有莫大的吸引力，但利弗莫尔向来只关注报价，不太在意农作物的大小和质量等基本因素。普莱斯知识广博，手握很多资讯，这使得利弗莫尔十分信任他。利弗莫尔不看好棉花的行情，而普莱斯正相反。利弗莫尔认为，自己知道的信息不如普莱斯多，于是他不再看跌棉花期货，甚至开始买入了。他很快就积累了16万包的棉花期货。

在他买入棉花期货的时候，他也看涨小麦行情，于是买入了小麦期货，获得了不错的账面利润。他无视自己花了多年时间建立的规则，减持了盈利的资产，增持了出现亏损的资产。“抛售亏损持仓，保留盈利持仓，这显然才是明智的做法，我也深知这个道理，所以直到现在我也没想明白，当时自己为什么偏偏反其道而行之。”

代价是惨痛的。他犯了明显的错误，从事后来看更是。“我对证券游戏了如指掌，又有十几年的操盘经验，这次居然犯下了弥天大错，简直匪夷所思。”

令他雪上加霜的是，他的“搭档”普莱斯欺骗了他。就在他不停地买入棉花期货时，普莱斯做空了棉花。最后，利弗莫尔交割了44万包棉花，总价值超过了2500万美元。他损失了450万美元，遭受了重创。

利弗莫尔曾经说过："要想在股市生存，投资者就必须相信自己和自己的判断。这也是我不相信他人建议的原因。如果我遵从史密斯的建议买进了股票，那我就必须遵照他的建议卖出……不，老兄，靠别人的判断做股票交易永远赚不了大钱。"

这一次，他是真的很厌恶自己，在这次交易中，他站到了错误的一边，市场走势对他不利，而且他对这次的错误负有直接的责任，因为他违反了他早就铭记于心的交易规则。

1909年，他被彻底击垮了。他接连亏损，在每一笔交易中都亏了钱：

> 我不断交易，不断亏损。我坚持认为，市场终将为我埋单。但我最终看到的结果是，我血本无归，亏了个精光。

一家经纪公司向利弗莫尔抛来了橄榄枝，愿意给他提供2.5万美元的信贷资金，他因此得到了喘息的机会。"投机小子"利弗莫尔因激进的卖空行为名闻天下，这家经纪公司希望人们知道，他正在自己这里做交易，这样他们就不会怀疑它的大客户在大肆抛售股票了。

他很快就把这2.5万美元增加为12.5万美元，但如往常一样，美好的时光是短暂的。当他试图做空8000股巴尔的摩、切萨皮克和大西洋公司（Baltimore, Chesapeake & Atlantic）的股票时，资深经纪人把他叫到了自己的办公室里说："杰西，现在不要做任何切萨皮克和大西洋公司股票的交易了。你做空8000股的举动很糟糕，我今天早上在伦敦为你平掉了空仓，并建了多头仓位。"这种情况持续了几个月，经纪人不断以杰西的名义买入更多的铁路股。他终于意识到自己被利用了，这位资深经纪人的一位客户快要撒手人寰了，他手里持有很多铁路股票，急于卖出。这只股票的价格一路走低，而利弗莫尔在不断买入。

这是利弗莫尔第二次遭受欺骗，而且这一次，他根本无法安然抽身。在接下来的几年时间里，他债台高筑，债务总额超过了100万美元。因无力偿还这些债务，他在38岁时宣布破产。

之后他决心重整旗鼓，东山再起。他需要一条救生索，一笔贷款，但根据破产后的相关规定，他无法获得新的贷款。他决定向6年前敲诈他的经纪公司求助，但遭到了拒绝，不过经纪公司告知他，他在看到喜欢的股票时，可以买入500股。他紧盯着市场，等待着绝佳的机会出现。后来他买入了伯利恒钢铁公司（Bethlehem Steel）的股票，在短短两天内盈利3.8万美元。市场走势良好，他很快就赚到了20万美元。

在第一次世界大战期间，股市一路上涨。1915年是道琼斯指数有史以来表现最好的一年，涨幅高达82%。股价在不到两年的时间里翻了一番，而他在牛市中再次站到了正确的一边。在距离他40岁生日还有一年时，昔日的王者杰西·利弗莫尔归来了。

1918年11月第一次世界大战结束后，他从股票交易转向了大宗商品期货交易。他建立了一套完整的交易模式，而且放眼全球，无人能与他匹敌。1923年他盈利300万美元，到了当年年底，他已经积累了2000万美元的巨额资产。在股市一路高歌的20世纪20年代，他谨慎地看跌而不是看涨股市。早在1927年，他就已经开始做空股票了，不过他做空的规模都很小，而且一直小有亏损。

到了1929年秋天，他累积了有史以来规模最大的空头头寸，他做空的股票多达100只，总额高达4.5亿美元。他即将迎来一生中盈利最多的时期。从10月25日到11月13日，道琼斯指数暴跌了32%。在那11个交易日里，道琼斯指数有7天的跌幅达到了5%。利弗莫尔平掉了所有的空仓，他的身家飙涨至1亿美元，相当于今天的14亿美元。他成了世界上最富有的人之一。

这是他交易实力的巅峰期。

1932年7月，股市终于触底。在这次股市崩盘中，无人能幸免，股市市值缩水为3年前的11%。当股市触底时，股价就如同被拉得过长的橡皮筋，以致出现了有史以来幅度最大的反弹，直到今天依旧如此。在接下来的42个交易日里，道琼斯指数上涨了93%，但此时的利弗莫尔站在了错误的一边。他被击垮了。在平掉空仓后，他犯了最后一个错误——在股价上涨至顶部时做多了股票。事实证明，此次股价上涨是“死猫式”（dead cat）反弹①，之后股价再次暴跌，在1932年9月到1933年2月，股价下跌了近40%。他把在此前的交易中赚到的钱赔了个精光。

他在本应该做多股票时做空了股票，然后又在本该做空股票时做多了股票，这让他失去了一切。1934年，他再次破产了，欠下了30个债权人500万美元的巨额债务。

在接下来的几年里，他勉强维持着生计。新成立的证券交易委员会颁布了很多规定，他很难适应。他惯用的许多伎俩和策略现在都被视为非法了，而且会受到严厉的惩罚。

他反思道：

> 我一生都在犯错，虽然钱财受损，却积累了经验，明白了很多颇有价值的交易禁忌。我几次倾家荡产，但我的精神从不破产，否则我也就不会出现在这里了。我一直坚信自己还有机会，我也不会两次犯同样的错误。我相信自己。

1939年，他试图东山再起，但失败了。他无法创造另一个奇迹，也失去了机会。1940年11月29日，他自杀了。法庭记录显示，他的资产总额为107,047美元，负债总额为463,517美元，资产比负债少了几十万美元。

有些讽刺的是，这位有史以来言论被引用最频繁的交易员，其风险管理却如此糟糕。所有的名言警句和积累的教训都没能使利弗莫尔逃过四度破产的命运。最终他悟到了真谛，但可惜太迟了。

> 当然，如果一个人足够聪明，运气又足够好，自然不会再犯同样的错误，但他会犯这个错误的众多变体中的另一个，而每个错误都有成千上万的变体。错误不是一个，而是一族，而且其家族甚是庞大，所以当你想试试看自己到底会犯什么错误时，就总有一个错误在等着你，让你猝不及防。

① 指股价在长期下跌后，短时间内迅速反弹，然后继续下跌的情况。就像猫从高楼上摔下来，一般是摔不死的。——译者注

投资行为本质上带有不确定性，所以我们永远不能对自己说：“我再也不会犯这种错了！”当然，你不会重复犯一些非常明显的错误，比如以3倍杠杆买入反向ETF并持有3个月。这样的错误你犯过一次后，就永远不会再犯了。但正如利弗莫尔所说，错误家族太庞大了，你无法避免所有的错误。引用再多的金融市场名言警句也无法改变亏损是投资的一部分这一事实。风险管理是投资的一部分，重复犯错也是投资的一部分，它们都是投资中不可避免的一部分。

如果你专注于避免非受迫性失误（unforced errors），那么你就不要太在意那些市场名言警句。它们听起来很顺耳，但只能给你带来虚假的安全感。

CHAPTER 3

第3章

马克 · 吐温

不要产生情感依恋

当你对某个人足够熟悉时，你就给自己找了一个伴侣。

——马克·吐温

当我们用自己的钱进行投资时，我们总是期望它们能在未来升值。当结果令人失望时，我们不愿意承认自己的决策有错。在本能的驱使下，我们不愿意及时止损，而是长时间持有亏损的证券，因为这样做能使我们延缓失败，维护自尊。

小损失的问题是，在它们演变成大损失之前，人们不会轻易放手。在金融世界里，除了希望，没有什么是永恒的。当损失由5%扩大至10%时，我们无动于衷；当损失扩大至20%时，我们会感到恐慌；当损失进一步扩大时，我们惊恐万分。当肾上腺素刺激到我们大脑中的1000亿神经细胞时，我们会变得不知所措。我们的下丘脑，即指挥我们“要么战斗，要么逃跑”的系统，会暂停理性的思考。

“等到回本时我就离场。”买过股票的人都有过这种不明智的想法。当股价下跌时，投资者面临的一个不幸的现实是，要想回本不容易，需要非凡的作为。亏损20%后，实现20%的盈利仍然回不了本，要回本需要盈利25%。亏得越多，回本越难；亏损80%时，需要盈利400%才能回本。

对冲基金经理大卫·艾因霍恩（David Einhorn）一语道破了持有赔钱股的危险：“你怎么看待跌幅高达90%的股票呢？它是下跌了80%之后价格又遭腰斩的股票。”换句话说，一只股票的价格从100美元下跌至20美元，并不意味着它的价格在此之后不会轻易下跌至10美元。

当我们的持仓出现亏损时，我们常常紧抱着它们不放，而且还会加仓，导致问题进一步恶化。当你觉得以100美元的价格买入某只股票很划算时，那么你很可能会觉得，以90美元的价格买入它更划算。但问题是，很多股票再无翻身之日了。事实上，自1980年以来，有40%的股票在经历了70%的下跌后，再也没有恢复昔日的价格水平。加仓赔钱股令许多投资者损失惨重。

大多数人都知道马克·吐温的大名，它是塞缪尔·克莱门斯（Samuel Clemens）的笔名。世人皆知作家马克·吐温是一位幽默大师，不过，塞缪尔·克莱门斯才是伴随了他一生的名字。塞缪尔·克莱门斯以马克·吐温为笔名赚取了大量的财富，但这些财富几乎被他赔了个精光。作家理查德·扎克斯（Richard Zacks）在《追逐最后的笑声》（*Chasing the Last Laugh*）一书中写道，“马克·吐温是个糟糕的投资者，是骗子欺瞒和愚弄的绝佳对象”。《无知、自信和肮脏的富有朋友》（*Ignorance, Confidence, and Filthy Rich Friends*）一书的作者彼得·克拉斯（Peter Krass）写道：“美国收入最高的作家做出了糟糕透顶的投资，不仅失去了他的全部财富，还失去了他那煤老板继承人老婆的财富。”

马克·吐温费了很大的劲才回了本，因为他不知道“洞穴定律”（the law of holes），即“当你掉入洞穴时，你不应该往下挖，而是应该想办法爬出来，否则你会越陷越深”。按今天的美元价值计算，他向他寄予厚望的一种机器投资了17万至500万美元——他希望它能成为一台具有革命性影响的机器。

尽管他的投资经常给他带来压力，但它们也让他为世界贡献了一些精彩的名言警句：

> 人一生中有两个时刻不应该投机，一次是承当不起时，一次是承当得起时。
>
> 银行家是指在阳光明媚时借给你伞，在下雨时想收回伞的人。
>
> 我本应该有先见之明，但做事后诸葛亮是我的专长。
>
> 我总是等机会错过了时才发现我曾有过机会。

欧内斯特·海明威（Ernest Hemingway）曾说过：“一切现代美国文学均来自马克·吐温的《哈克贝利·费恩历险记》（*Huckleberry Finn*）。”马克·吐温于1876年开始着手写作该书，将近10年后才完成它。他原本打算在两个月内写完它，但因为有更重要的事情要做，比如赚钱，最终导致它迟迟未被完成。

马克·吐温曾经整理过一张投资失败的清单，这张清单比药房收据还要长。

他试着用铲子和股票凭证掘金。这段经历令他疲惫不堪，他感叹道："矿井是地下的洞，洞旁边还站着个骗子。"

马克·吐温对发明家特别着迷。他向纽约汽化公司（New York Vaporizing Co.）投资以改进蒸汽机，但无果而终。他为该公司的发明家每周提供35美元，持续不断。马克·吐温后来回忆说："他每隔几天就来看望我，向我报告进展情况。我早就从他的呼吸和走姿中发现，他每周花在威士忌上的钱多达36美元。我一直不知道，他是从哪里得到那多出的一美元钱的。"

马克·吐温投资了派乐萌（Plasmon）奶粉、蒸汽机（steam pulley）和一家新成立的保险公司——哈特福德事故保险公司（Hartford Accident Insurance Company）。他受够了这些赔钱的投资，他在给一位同行的信中说："要是你的书能告诉我如何消灭发明家的话，就给我9本吧！"

他还犯过普通人常犯的错误，即在错误的时机买入和卖出股票，因而遭受了惨重的损失。他对俄勒冈州横贯大陆铁路（Oregon Transcontinental Railroad）的投资就是一个例子，他以每股78美元的价格买入了这只股票，最终以12美元的价格抛售了它。关于这段经历，他说："我再也不想看股票报告了。"

在这些投资中，他不仅犯了委托错误（errors of commission），还犯了遗漏错误（errors of omission），这也许导致他在心灵深处产生了浓浓的恨意。他在一种名为考乐体（kaolotype）的印刷工艺上浪费了4.2万美元，他以为这项工艺会彻底改变插图印刷技术（但事实并非如此），后来他决定拒绝投资亚历山大·格雷厄姆·贝尔（Alexander Graham Bell）的电话产品。吐温的朋友约瑟夫·罗斯韦尔·霍利将军（General Joseph Roswell Hawley）是《哈特福德报》（*Hartford Courant*）的老板，他约马克·吐温到报社办公室与贝尔会面，听取后者的推介。正如马克·吐温所描述的那样，贝尔"相信电话会带来巨额财富，他希望我买入一些股票。我拒绝了。我说我不想再做出任何莽撞的投机了。然后他想以25英镑的价格把电话卖给我。我说无论价格有多低，我都不想买"。

马克·吐温从欧洲度假回来后，看到镇上的一位老职员把仅有的一点积蓄投资给贝尔后，一夜暴富了。对此他感叹道："见多识广和富有经验的人常常徒劳无功，无知和缺乏经验的人却常常取得成功，真是咄咄怪事！"这是典型的吃不到葡萄说葡萄酸心理。马克·吐温可能具有丰富的投资经历，但他的大多数投资都是赔钱的。如果说他在投资界见多识广，那么这种说法也未免太不实事求是了。

马克·吐温不仅仅投资于他人，他本人也有很多奇思妙想，比如支撑裤子的松紧带、可粘贴的剪贴簿、便携式日历等，他侄女的丈夫塞缪尔·查尔斯·韦伯斯特（Samuel Charles Webster）曾写道："他试图成为爱迪生、莎士比亚那样的伟人。"

马克·吐温在资金紧张时会孤注一掷，在他赚了大钱后，也不会见好就收。他在1885年创办的韦伯斯特公司让他赚了不少钱，但他却在之后的投机交易中把这些钱赔光了。

格兰特（Grant）[①]的回忆录是韦伯斯特出版公司达成的第一笔交易，这本回忆录出版后大受追捧，销量高达60万册，创下了新纪录。得益于有利的交易条件，格兰特的家人获得了40万美元的报酬，按今天的价值计算是1200万美元。当时的行业版税标准是图书定价的10%，但马克·吐温给格兰特家人的是净利润（扣除印刷和其他费用后）的70%。尽管与前总统签订了这笔条件不利的商业交易，但韦伯斯特公司的开局还是很不错的。就像马克·吐温一生中经历的大多数事情一样，这家出版社终以惨淡的结局收场。马克·吐温拒绝认输，他不断地投入一笔又一笔资金，最终遭受的损失远远超过其他所有投资损失的总和。

1874年，詹姆斯·佩奇（James Paige）获得了排字机发明专利，他想用由18,000个部件组成的机器取代类似的手动设备。1880年，他遇到了马克·吐温。他没有费多少口舌就说服了马克·吐温与他签订了一份精心设计的合同。根据合同条款，马克·吐温只有在机器完工前支付所有的费用，才有权获得利润。更糟

① 尤里西斯·辛普森·格兰特（Ulysses Simpson Grant，1822—1885），美国军事家、陆军上将，1869年3月4日—1877年3月4日出任美国总统。1885年12月，韦伯斯特公司出版了《格兰特回忆录》。——译者注

糕的是，马克·吐温后来承诺，他每年向佩奇支付7000美元，直到这款机器开始盈利为止。马克·吐温被自己的傲慢蒙蔽了双眼：他称佩奇是“机械发明的莎士比亚”。

随着时间的推移和金钱的流失，马克·吐温这样评价佩奇：“他巧舌如簧，甚至能说服一条鱼陪他散步。当他在场的时候，我总是不由自主地相信他；当他离开的时候，我对他的信任就消失得无影无踪了。他是个胆大包天、不可一世的大骗子。”19世纪末，美国经历了迄今为止最严重的经济萧条。在1893年的经济恐慌中，有500家银行倒闭，15,000家企业破产。马克·吐温和韦伯斯特出版公司也未能幸免。

尽管马克·吐温多次在心里告诉自己，他已经受够了佩奇及其借口，但他总是不能吸取教训，承认自己当初看走了眼。想象一下，当你在一项投资中倾尽了经济、心理和情感上拥有的一切时，承认自己的失败是多么痛苦。在人的一生中，尤其是在投资方面，最难的就是承认自己的错误。在绰号为“地狱猎犬”（Hell Hound）的朋友亨利·罗杰斯（Henry Rogers）[①]的帮助下，他们从佩奇手中接管了排字机公司。大富豪罗杰斯是约翰·洛克菲勒（John Rockefeller）在标准石油公司（Standard Oil）的合伙人。为了使公司能够继续经营下去，马克·吐温找来了两位新投资者，一位是后来写出了《德古拉》（*Dracula*）一书的作家布拉姆·斯托克（Bram Stoker），另一位是著名的演员亨利·欧文（Henry Irving）。

当《芝加哥先驱报》（*Chicago Herald*）的排字机出现问题时，该公司再也没有机会翻身了。与马克·吐温不同，亨利·罗杰斯是位严谨认真的商人，他能够果断地止损。然而，当正在法国旅行的马克·吐温听说排字机出现了问题时，他很难接受这个事实。

他给罗杰斯写了一封信表达了自己的烦闷之情。他在信中说，他觉得这台机器就像一个人，自己和这台机器有难以割舍的联系。

---

① 亨利·赫特尔斯顿·罗杰斯（Henry Huttleston Rogers，1840—1909），美国资本家、商人、实业家、金融家和慈善家。——译者注

1894年12月21日，佩奇排字机制造公司（Paige Compositor Manufacturing Company）停摆。最终，只有一个局外人有能力为马克·吐温止损。要是没有罗杰斯，马克·吐温完全有可能把这个无底洞带进坟墓里。按今天的美元计算，他投资排字机的总损失大约为500万美元。马克·吐温勉强维持排字机公司的经营耗尽了他的财务资源，这也是韦伯斯特出版公司无法在大萧条中生存下来的主要原因。马克·吐温写道："我已经厌倦了做生意，我天生就不是做生意的料，我实在不想干了。"

经济恐慌使他的股票和债券投资组合价值从10万美元减少到几乎为零。1894年4月18日，资金缺乏、走投无路的韦伯斯特出版公司宣布破产。

海伦·凯勒（Helen Keller）说："有时候，他（马克·吐温）会把天堂里的所有大炮都对准一只入侵的老鼠。"由此你可以想象，当有人在报纸上撰文攻击马克·吐温时，他的感受是多么糟糕。他在股市里接二连三的失利给世人留下了许多精彩的言论，比如："10月是炒股最危险的月份。其他危险的月份是7月、1月、9月、4月、11月、5月、3月、6月、12月、8月和2月。"一份报纸引述了他的这番话，并把"炒股"改成了"作家做生意"。这番言论引起了广泛的热议。《旧金山呼声报》（*The San Francisco Call*）写道："马克·吐温的失败是他自己造成的，但他打算向全世界宣扬这个话题。"马克·吐温对公众舆论很敏感。他曾说过："唯有公众的评论值得听取。"面对着汹涌而来的批判浪潮，马克·吐温拿起纸笔，以自己的方式做出了回应：

> 有报道说，我为了债权人的利益牺牲了我出资创立的出版公司的财产。又有人说，我现在发表演说是为了给自己谋利。这都是错误的说法。我发表演说和处理出版公司的财产都是为了维护债权人的利益。法律不承认以人的大脑作为抵押品，一个放弃了所有财产的商人可以利用破产规则，重启自由生活；但我不是商人；我认为荣誉比法律更严厉。从法律上看，借了多少钱，就得还多少钱，没有妥协的余地。荣誉损失是永远具有法律效力的债务，更没有妥协的余地。

马克·吐温在59岁高龄时开始偿还债务，债权人共有101名，他们都在他申请破产时提出了索赔要求。为了摆脱财务困境，马克·吐温开启了全球演说之旅。

他先后去了美国、澳大利亚、新西兰、印度、南非和欧洲。到了1898年，他不但还清了所有的债务，还为新的金融冒险做好了准备。

他还清了债务，却从未摒弃做投机交易的心态。他对朋友罗杰斯说："不要把我落下，我想和其他资本家一样，参与投资。"

风险和回报是密切相关的，要想获得回报，就要承担相应的风险。不过，我们有时能得到回报，有时却只会承担风险。我们的交易账户肯定会面临风险，此时不要像鸵鸟一样，把头埋在沙子里，而是要勇敢地面对现实。做投机交易时，最重要的是控制损失。纸会割伤人，会让人感到疼痛，但伤口很快会愈合，枪伤却很难痊愈。

避免遭受灾难性损失的最佳方法是，在投资之前就确定你愿意承担的损失大小，可以用百分比，也可以用具体的美元数额。这样，你此后做出每一个决策时都会参考这些数字，而不是被恐惧或者对某个持仓的情感依恋所驱动。

就在破产几年后，马克·吐温又满怀希望地向美国机械出纳公司（American Mechanical Cashier Company）投资了1.6万美元。在8个月没有得到任何结果之后，在一个又一个承诺未得到兑现以及似曾相识的感觉袭来之后，他选择了抽身离开。这一次他是真的吸取教训了。

CHAPTER 4

第4章

约翰·梅里韦瑟

天才的局限性

与其说投资成功源于聪明才智，不如说源于严格自律。

——威廉·伯恩斯坦（William Bernstein）

与其他举世罕见的天才一样，艾萨克·牛顿（Isaac Newton）提升了人类的科学和思维水平，他的智商高达190，而且能够手动计算到小数点后55位的数字。他的智力远高于查尔斯·达尔文（Charles Darwin）和斯蒂芬·霍金（Stephen Hawking）。但是，尽管他非常聪明，他也无法避免成为贪婪和嫉妒这些人类本能的受害者。

1720年，当南海公司（South Sea Company）的股票开始上涨，歇斯底里的情绪席卷伦敦街头时，牛顿发现自己的处境非常不妙。他通过买卖这只股票获得了100%的投资收益，但它的价格在不到6个月的时间里上涨了8倍，而且在他把收益落袋为安之后，其价格仍然没有停止上涨的迹象。他为自己没有一直持有这只股票感到很后悔，于是又买入了这只股票，而且买入量是最初的3倍。此时股价已经接近顶点，他投入的资金非但没有翻倍，反而几乎赔了个精光。当泡沫破裂时，这只股票的价格在4周之内暴跌了75%。

这让牛顿感到非常沮丧，据说他余生都听不得“南海”俩字。尽管他的智商几乎无人匹敌，但当他试图以钱生钱时，他遭受了严重的亏损。当被问及市场的走向时，牛顿回答说：“我能计算出天体的运动轨迹，却计算不出人们的疯狂程度。”艾萨克·牛顿堪称有史以来最聪明的人，但即使是他，在看到别人一夜暴富时，也抗拒不了“入坑”的诱惑。

许多投资者身上存在的一大问题是，他们都觉得自己有一点艾萨克·牛顿的气质，都觉得自己非等闲之辈。在1977年的经典研究《大学教育不是能不能，而是会不会得到改善的问题》（“Not Can, But Will College Teaching Be Improved”）

中，有94%的教授认为，自己的教学水平高于均值。如果问交易员和投资者同样的问题，我猜结果也是这样。不用说阿尔伯特·爱因斯坦（Albert Einstein）那样的人了，普通人都能马上意识到，这样的数字与事实不符。正如查理·芒格所说的那样："人生的铁律是，只有20%的人能进入前20%"

要加入世界上规模最大、历史最悠久的高智商协会门萨俱乐部（Mensa），你就必须在所有的标准化智力测试中位列前2%。这意味着，在美国就有400万—500万高智商的成年人有资格加入这个享有盛誉的协会。当你在电脑屏幕前买卖股票时，有很多高智商的人在等着与你做交易。因此，高智商并不能保证什么，市场不会仅仅因为你聪明就给你补偿，这是新投资者遇到的最棘手的问题。原始的智力只是给你提供了体验积极的投资结果的先决条件。高智商本身并不能决定投资结果，因为市场充满了变数。大多数公式即使曾经有效，最终也会失效。

从一副牌中抽中黑桃9的概率是不足2%（1/52），但在给定x、y和z的情况下，你无法计算出经济衰退的概率。就风险资产而言，1加2未必等于3。有很多人认为自己可以通过建模获得高于平均水平的投资回报，但最终他们都失败了。

不存在绝对的投资智慧，只存在相对的投资智慧。换句话说，你有多聪明并不重要，重要的是你的竞争对手有多聪明。查理·埃利斯（Charlie Ellis）在1975年发表的《输家的游戏》（*The Loser's Game*）一文中表达了这一思想。他写道："在过去的30年里，有大量天赋异禀、意志坚定、雄心勃勃的专业人士进入了投资管理领域，他们再也无法从其他人的错误中获得足以跑赢大盘的收益了。"雄心勃勃的专业人士不仅进入了投资管理领域，而且还为该领域引入了强大的计算机。这些机器永久性地改变了投资格局。过去令人惊叹的许多做法现在已成为标准做法了。

20世纪50年代，主导交易的是个人投资者。现在，主导交易的是机构，它们拥有近乎无限的资源。机构完成的交易占日交易量的90%。现在全世界有32.5万台彭博资讯终端机，有12万名特许金融分析师。技术和信息爆炸使竞争环境变得更加公平了。

随着技能和智力的提升，就任何既涉及技能又涉及运气的活动而言，比如说投资，运气或机会对结果的影响越来越大。迈克尔·莫布森（Michael Mauboussin）曾多次提到过这一观点，他称之为技能悖论（the paradox of skill）。关键是，市场上有大量技能娴熟的参与者，因此，光靠智力不足以胜出，还需要其他技能。要了解天才及其局限性，最好的研究对象是长期资本管理公司（Long–Term Capital Management）的约翰·梅里韦瑟（John Meriwether）和他的"爱因斯坦团队"（band of Einsteins）。

约翰·梅里韦瑟于1994年创立了长期资本管理公司，在此之前，他在所罗门兄弟公司（Salomon Brothers）担任固定收益套利部门的负责人兼公司副董事长。他在人才济济的所罗门兄弟公司度过了20年的传奇职业生涯，围绕在他身边的，都是业内最聪明的人。

在所罗门兄弟公司开启了职业生涯的迈克尔·刘易斯（Michael Lewis）在《纽约时报》（*New York Times*）上撰文写道："梅里韦瑟就像一位天赋异禀的编辑或才华横溢的导演：他慧眼识人，对人才有着极为敏锐的嗅觉，他能说服他们施展自己的才华……梅里韦瑟建立了一条地下通道，把最好的金融和数学研究生课程直接送到了所罗门兄弟公司的交易大厅。日后成为所罗门兄弟公司顾问以及长期资本管理公司合伙人的经济学家罗伯特·默顿（Robert Merton）抱怨说，梅里韦瑟正在'拐走'整整一代的学界精英。"

这些学界精英包括麻省理工学院培养的哈佛商学院（Harvard Business School）助理教授埃里克·罗森菲尔德（Eric Rosenfeld）和在伦敦经济学院（London School of Economics）获得金融硕士学位的维克多·J. 哈汉尼（Victor J. Haghani）。梅里韦瑟的团队中还有格雷戈里·霍金斯（Gregory Hawkins）和劳伦斯·希利布兰德（Lawrence Hilibrand），前者在麻省理工学院获得了金融经济学博士学位，后者在麻省理工学院获得了两个学位。除了这些耀眼的明星外，长期资本管理公司还聘请了美国联邦储备委员会前副主席戴维·穆林斯（David Mullins）。梅里韦瑟的目标是超越所有人，他的这种优势保持了很长一段时间。

他群英荟萃的团队成了所罗门兄弟公司内部最强大、最赚钱的团队。据报道，在该公司CEO约翰·古弗兰（John Gutfreund）获得350万美元薪水的那一年，梅里韦瑟获得了8900万美元的报酬。在违规投标财政部发行的国债丑闻对该公司造成冲击后，梅里韦瑟被迫从所罗门兄弟公司辞职。此后不久，他的忠实追随者们也先后离开了该公司。

之后，梅里韦瑟创立了长期资本管理公司，还将两位金融学界巨头招至麾下，他们后来都获得了诺贝尔经济学奖，其中一位是罗伯特·默顿（Robert Merton），他在哥伦比亚大学（Columbia University）获得了工程数学理学学士学位，在加州理工学院（California Institute of Technology）获得了理学硕士学位，在麻省理工学院获得了经济学博士学位。在加入所罗门兄弟公司之前，默顿在麻省理工学院斯隆管理学院（MIT Sloan School of Management）任教至1988年，之后转至哈佛大学任教。默顿的履历无可挑剔，他对金融界的影响怎么强调都不为过。衍生品奇才斯坦·乔纳斯（Stan Jonas）曾说过："金融领域的大多数业务都是对默顿在20世纪70年代所做研究的补充说明。"

梅里韦瑟还请到了布莱克—斯科尔斯期权定价模型（Black–Scholes option pricing model）的联合创立人迈伦·斯科尔斯（Myron Scholes）。斯科尔斯在芝加哥大学布斯商学院（Booth School of Business）获得了MBA和博士学位，毕业后在麻省理工学院斯隆管理学院工作，后来又回到了芝加哥大学任教。明显可以看出，长期资本管理公司的人才储备首屈一指，金融界的其他机构都无法与之匹敌。卡罗尔·卢米斯（Carol Loomis）在《财富》（*Fortune*）杂志刊发的一篇文章中写道："该公司每平方英尺的智商可能比现存的其他任何机构的都要高。"他们遥遥领先，他们知道这一点。斯科尔斯认为这个团队"不仅是一家基金公司，还是一家金融科技公司"。

长期资本管理公司的最低投资限额为1000万美元，管理费为2%，利润提成25%，高于行业惯例的2%和20%。较高的最低限额和管理费用并没有阻止投资者涌入。最聪明的人才吸引了最聪明的大客户，"包括美林证券（MerrillLynch）

CEO戴维·科曼斯基（David Komansky）、潘恩·韦伯公司CEO唐纳德·马龙（Donald Marron）和贝尔斯登（Bear Stearns）CEO詹姆斯·凯恩（James Cayne）”。他们还从中国台湾银行（Bank of Taiwan）、科威特养老基金（the Kuwaiti pension fund）和中国香港土地发展局（the Hong Kong Land & Development Authority）等大机构获得了资金。就连过去从不投资对冲基金的意大利央行，也投资了1亿多美元。

长期资本管理公司于1994年2月开业，资金管理规模为12.5亿美元，是当时资产规模最大的对冲基金。他们的业绩从一开始就很出色。在开业后的前10个月里，他们的收益率高达20%。1995年，该基金的收益率为43%，1996年为41%，收益额为21亿美元：

> 准确地说，这一小群不为公众熟知的交易员、分析师和研究人员，从事着最神秘、最艰涩深奥的业务，当年他们的收益超过了麦当劳在世界各地销售汉堡的收益，也超过了美国许多经营最出色、最知名的公司和品牌的全年收益，包括美林证券、迪士尼（Disney）、施乐（Xerox）、美国运通（American Express）、西尔斯（Sears）、耐克（Nike）、朗讯（Lucent）和吉列（Gillette）。

长期资本管理公司确实好运连连，发展势头迅猛。他们的收益率高而稳定，即使在业绩最糟糕的月份，其收益率也只下跌了2.9%。取得这样好的业绩，令人难以置信。1997年秋，罗伯特·默顿和迈伦·斯科尔斯双双荣获诺贝尔经济学奖。关于他们的成就，《经济学人》（*The Economist*）指出：他们已经把“风险管理从猜谜游戏变成了一门科学”。他们管理的基金的收益持续为正，而且成功地将资金增加了3倍，其间没有一个季度出现过亏损。

但这样的好日子维持不了多久，因为他们运用的制胜策略难以在华尔街长期奏效。出色的业绩会引发妒忌，最终，所有的交易秘密都会被泄露出去，长期资本管理公司的套利策略也不例外。正如该公司交易员埃里克·罗森菲尔德所说，“其他人都开始追赶我们。我们本来打算做交易，但当我们出手时，机会就消失了”。机会越来越难以获得，到了1997年底，在获得了25%的收益（扣除17%的费用）后，他们决定将27亿美元的资本返还给最初的投资者。他们返还了1994年以来所有的投资以及1994年之前的所有投资收益。

此时，问题显现了。他们寻求的投资机会一开始并不涉及大量资金，所以实施他们的策略需要运用大量的杠杆。他们返还了27亿美元的资金，但他们并没有减少持仓规模，因此他们的杠杆率从18：1上升到了28：1。根据卢米斯的说法，长期资本管理公司并不打算追求高回报，因为他们认为，公司持仓的风险很低，但公司在美国和欧洲的杠杆率均飙升了。这些市场的波动幅度每提高一个点，该公司就有大约4000万美元的资金面临损失风险。

他们的持仓规模一度达到了1.25万亿美元，杠杆率为100：1。如此高的杠杆率将导致世界上有史以来规模最大的财富蒸发事件。

1998年5月，随着美国债券和国际债券之间的利差幅度超过了长期资本管理公司模型的预测，该公司的收益率下跌了6.7%，这是其迄今为止最严重的月度跌幅。6月，该基金的收益率又下跌了10%，1998年上半年，油价下跌了14%，而俄罗斯处于该公司下行旋涡的中心。石油是俄罗斯的主要出口产品，1998年8月，石油价格下跌了33%，俄罗斯股市全年下跌了75%，短期利率飙升至200%。之后，梅里韦瑟和他的同事们坠入了深渊，世界上最优秀的人也无法把他们从即将发生的灾难中拯救出来。

长期资本管理公司将金融科学运用到了极致，他们冷酷地计算着投资组合中每个头寸每次波动的概率。1998年8月，他们计算出他们的投资组合每日的风险价值（他们可能损失的金额）为3500万美元。1998年8月21日，他们损失了5.5亿美元，他们的信心崩塌了。从这一天开始，他们走向了终结。

到8月底，他们损失了19亿美元，这也使该基金从年初到当日的跌幅扩大为了52%。死亡螺旋已经完全开启了。“9月10日星期四，公司损失了5.3亿美元；星期五损失了1.2亿美元。在接下来的一周里，它依然跌跌不休；星期一损失了5500万美元；星期二损失了8700万美元。9月16日是星期三，这一天的表现尤其糟糕，损失额高达1.22亿美元。就像《圣经》中记载的瘟疫一样，亏损没有丝毫缓解的迹象。”9月21日星期一，公司又损失了5.53亿美元。

最终，为了防止他们亏损的持仓危害整个金融系统，纽约联邦储备银行（Federal Reserve Bank of New York）提出，由14家华尔街的银行牵头，以36亿美元收购了长期资本管理公司90%的股权。如此大规模的基金公司倒闭是行业内前所未有的事件。它管理的资产规模是富达（Fidelity）旗下麦哲伦基金（Magellan Fund）的2.5倍，是第二大对冲基金的4倍。该基金有36亿美元的资金，其中有40%是个人的。5周后，它们荡然无存了。

绝顶聪明的人怎么会做出如此愚蠢的行为呢？他们犯下的最大的错误是，他们相信，当人们的金钱和血清素同时激增时，他们的模型能够捕捉人们的行为。长期资本管理公司新闻发言人彼得·罗森塔尔（Peter Rosenthal）曾说过："风险受波动性的影响，这些因素都是可以量化的。”他说得颇有道理，毕竟，在1998年4月，即公司发展的鼎盛时期，最初的1美元增加为2.85美元，也就是说，他们在短短的50个月内获得了185%的利润！但纳西姆·塔勒布（Nassim Taleb）在《随机漫步的傻瓜》（*Fooled by Randomness*）一书中也指出："在长期资本管理公司崩盘事件中，他们完全没有考虑到，他们有可能不了解市场以及他们采用的方法是错误的。”他说得很对。

吉姆·克雷默（Jim Cramer）说："简而言之，这是影响深远的暴雷事件。华尔街的人原本认为，投资是可测算、结构化、可推演和赌输赢的科学，这一暴雷事件颠覆了他们的认知。”

他们能够计算出所有事件发生的概率，但他们却不了解任何事件发生的可能性。普通人从这次影响深远的暴雷事件中吸取的教训是显而易见的：在金融市场上，聪明才智加过度自信是十分危险的。

CHAPTER 5

第5章

约翰·博格

找到适合的投资方式

在人生中，有时退一步才能取得大进步。

——约翰·博格

先锋500指数（The Vanguard 500 Index）基金是世界上规模最大的共同基金，坐拥2920亿（292后面有9个零）美元的资产。你能想象得到这只基金是如何发展到如此规模的吗？它最初的资产只有1100万美元，在过去的40年里，它每年增长29%。为了直观地了解2920亿美元是多少钱，我们可以设想一下把100美元的钞票摞起来。其厚度为318公里，大约是从纽约市到先锋公司总部——宾夕法尼亚州福吉谷（Valley Forge）的往返距离。

在过去的几年里，指数的发展势头迅猛。自2006年底以来，活跃的投资者把1.2万亿美元从主动管理型共同基金转向了其他资产，并把1.4万亿美元投向了指数基金。在投资者偏好改变的浪潮中，先锋一直是最大的受益者。作为世界上唯一一家由基金持有人共同持股的共同基金公司，先锋在2014年、2015年和2016年连续荣登基金行业销售额榜首。尽管现在指数基金无处不在，但之前并非如此。投资者应该满足于获得“平均”收益，这种思想曾被视为异端，获得平均收益的基金也经常被称为以博格的愚蠢理念（Bogle's folly）管理的基金。

约翰·博格对共同基金行业和整个金融业的影响怎么强调都不为过。现在，先锋管理着4万多亿美元的客户资产，业务遍及全球。然而，“只”获得市场回报的理念最初并没有得到投资者的普遍认同。事实上，指数基金起初遭到了投资界的不满和冷遇。先锋在1976年设立的第一指数信托基金（First Index Trust）的目标认购额是1.5亿美元，他们拼尽全力也只募集到了1130万美元，比预期目标少了93%。

我们可以从这位有史以来影响力最大的投资者身上吸取的教训是，投资是一段漫长的旅程，往往会持续一生，其间充满了成功、失败、希望、梦想以及其他。约翰·博格在47岁时创立了指数基金，他是投资界彪炳史册的人物，因创立和推广这类基金而被世人铭记。

1951年，即指数基金问世25年前，博格在普林斯顿大学（Princeton University）的论文中写道，共同基金“不应声称其业绩优于市场平均水平”。他研究了共同基金近期的表现后发现，它们每年跑输大盘指数1.6%。同年晚些时候，普林斯顿大学校友、惠灵顿基金（Wellington Fund）创始人沃尔特·摩根（Walter Morgan）聘用了他。1928年，摩根创建了首批主动管理的平衡型共同基金，最初名为工业和电力证券公司（The Industrial and Power Securities Company），注册资金为10万美元。近90年后，它成了美国历史最悠久的平衡型基金。惠灵顿基金是为数不多的在大萧条中幸存下来的基金，这得益于其创始人的谨慎。在1929年金融危机爆发之前，该基金38%的资产都是现金。惠灵顿被视为负责任的资本管理者，在大萧条期间，由于许多竞争对手破产，惠灵顿一直保持着不错的发展势头。

1951年博格被聘用时，惠灵顿基金管理着1.4亿美元的资金，如今，它管理的资产多达950亿美元，在过去89年里，其管理的资产规模年增长率略低于17%。不过，这只基金的发展过程也不是一帆风顺的。

1964年，就在惠灵顿基金的资产达到20亿美元的峰值之前，沃尔特·摩根说：“惠灵顿这个名字自带神奇的光环，有一种难以形容的品质，这使它成了保守派金融机构的绝佳名字。”不过，这家保守派金融机构很快就会迷失方向。随着业绩下滑，股息下降，其资产骤减至4.7亿美元，降幅高达75%！

博格目睹了这一切。从1960年到1966年，他是公司投资委员会的成员；1965年，年仅36岁的他被摩根钦点为惠灵顿集团（the Wellington Group）的总裁；1970年，他被任命为CEO。

随着博格肩负的责任越来越重，惠灵顿基金的业绩开始下滑。从1963年到1966年，惠灵顿旗舰基金的年收益率仅为5.1%，远低于平衡型基金9.3%的平均收益率。大环境开始变得极端，再加上自20世纪20年代以来入行的第一代新鲜血液改变了华尔街的保守性质，管理层为了顺应时代的变化，决定做出一些改变。“在‘沸腾的岁月’，即快速交易年代（Go–Go years）投资理念的诱惑下，我也盲目地跟风而动了。”

为了跟上时代的步伐，他们决定与波士顿一家成立不久的公司，即桑代克、多兰、潘恩&刘易斯股份有限公司（Thorndike, Doran, Paine & Lewis）合并。博格表示，此举旨在实现以下3个目标：

1. 引进能够取得最佳业绩的“新时代”基金经理。

2. 为惠灵顿基金引入一只新的成长型投资基金，即埃维斯特基金（Ivest Fund）。

3. 进入“快速增长的投资咨询业务”领域。

这两家公司的合并看起来有些奇怪，就如同先锋公司现在收购了一家加密货币交易公司一样。1968年《机构投资者》（*Institutional Investor*）刊载的《神童接管》（“The Whiz Kids Take Over”）一文指出：“成立于1928年的惠灵顿基金投资于普通股、优先股和高等级债券，其投资组合是平衡型的，目的是为投资者提供稳定的收益和与通货膨胀同步的低风险增长，……另一方面，成立于1961年的埃维斯特基金，实际上是要充分利用价格的波动性获得高收益，而惠灵顿基金的初心是要最大限度地降低波动性带来的风险。”

两家公司合并后，惠灵顿基金无法再运用之前的成功策略，而必须采用相反的策略了。从1929年到1965年，惠灵顿基金的股东权益比率（equity ratio）平均为62%，贝塔系数平均为0.6。但合并后，随着新鲜血液的加入，其股票换手率从1966年的15%提高至第二年的25%，平衡型基金的股票占比平均为55%，但该公司的股票占比接近80%。

合并后不久，博格觉得他们的商业决策非常明智。他在最近接受采访时说：“在头5年里，你会觉得博格是个天才。在头10年结束时，你会说：即使是把美国在线（AOL）和时代华纳（Time Warner）的合并算在内，这也是历史上最糟糕的合并。整合彻底失败了。他们毫无管理技能。他们毁掉了他们创办的埃维斯特基金，他们又毁掉了后来创办的两只基金，他们还毁掉了惠灵顿基金。”

像其他许多基金一样，惠灵顿基金也没能经受住诱惑，最终被20世纪60年代的快速交易所吞噬了：

> “快速交易”（go-go）指的是股市中的一种操作方法——可以肯定的是，这种方法是自由、快速、活跃的，在某些情况下肯定会伴随着欢乐和喧嚣。该方法的特点是，大量股票被快速地买卖，交易者着眼于快速地获取巨额利润。该术语被专门用于描述某些共同基金的运作方式，这些基金以前都没有以如此自由、快速或活跃的方式运作过。

投资者能从该公司1967年的年报中发现，他们的“平衡型基金”是如何变得面目全非的。新任投资组合经理沃尔特·卡伯特（Walter Cabot）写道：

> 时代在变，因此我们决定，我们也要做出改变，以使投资组合更符合现代的观念和机遇。我们选择了“动态保守主义”（dynamic conservatism）作为我们的投资理念，我们重点关注那些能够适应变革、塑造变革并能从中获利的公司。（我们）把股票头寸的资产占比从64%提高到了72%，明确增持了成长型股票，减持了传统基础产业股票。最好的防守就是强有力的进攻。

沃尔特·卡伯特写这番话时，正值快速交易理念炙手可热的时期，他们对时机的把握可谓糟糕透顶。《华尔街101年》（*101 Years on Wall Street*）一书的作者约翰·丹尼斯·布朗（John Dennis Brown）称1968年是“1929年以来投机最猖狂的年份。”

1969年，快速交易时代落幕了。在18个月内，道琼斯指数下跌了36%，个别股票的跌幅更大。但股市随后反弹，血腥的记忆很快就被投资者忘得一干二净了。接下来受华尔街追捧的是“漂亮50股”（nifty fifty）和“绩优股”（one-decision）。投资组合经理们不再快速交易成长型股票，而是投资于IBM和迪士尼等蓝筹股了，而且即使这些股票的价格高涨，他们也会买入。

但当股市下跌时，他们才明白，不能把聪明人与牛市混为一谈。“我费尽心思完成的合并不仅没有解决惠灵顿的问题，反而加剧了问题。”他们当初与桑代克、多兰、潘恩&刘易斯股份有限公司合并的一个原因是获得埃维斯特基金，但合并后其价值缩水了55%，而同期标准普尔500指数下跌了31%。但遭受屠戮的并不只有埃维斯特基金。他们还成立了其他基金，这些基金的表现也好不到哪里去。当市场暴跌时，他们所有基金的业绩都远远低于标准普尔500指数。探索者基金（The Explorer Fund）下跌了52%，摩根增长基金（the Morgan Growth Fund）下跌了47%，受托人股票基金（the Trustees Equity Fund）下跌了47%。到1978年，受托人股票基金已经关闭，正如博格所指出的，"泰科埃维斯特（Technivest）是一只投机基金，是我们打算'利用技术分析'经营的基金（我不是在开玩笑），它甚至在更早的时候就关闭了"。你没看错，指数基金的创始人约翰·博格现在成了一家依靠技术分析制定经营策略的公司的CEO。

在市场崩盘造成的损害中，受影响最深的是他们皇冠上的明珠惠灵顿基金，它下跌了40%，是标准普尔500指数跌幅的80%。博格指出，"从惠灵顿基金的历史业绩来看，这么大的跌幅令人震惊。直到1983年，也就是11年后，该基金才恢复了之前的价值。事实证明，'强有力的进攻'根本无法'防守'"。他们多年来积累的令人难以置信的业绩纪录和良好声誉变得岌岌可危。另外，10年来，平衡型基金的平均收益率为23%，而惠灵顿基金的总收益率（包含股息）仅为2%。

回顾职业生涯的这段时期，博格感到很厌恶。"我做了这么多糟糕的选择，我很后悔，也很愤怒，这种感觉，难以言表。我把自己和我管理的公司跟一群激进的经理们牵扯在了一起，这是何等的荒唐。"人们把公司一塌糊涂的表现归咎于博格。1974年，他被惠灵顿管理公司解雇，但他说服了董事会，让他得以继续担任惠灵顿基金的董事长和总裁。

博格经历的这次失败催生了世界上有史以来最重要的金融创新，即指数基金的问世。2005年，在波士顿证券分析协会（Boston Security Analysis Society）举办的一次活动上，大经济学家保罗·萨缪尔森（Paul Samuelson）说：

> 我认为，博格的这一发明可与车轮、字母表、古腾堡印刷术、葡萄酒和奶酪的发明相媲美：共同基金从未让博格致富，却提高了基金持有人的长期

收益。它是阳光下的新事物。

博格认真反思了所有的经验教训后，专注地研究更明智的经营策略。1974年9月，他和团队经过数月的研究后，把结果告知了基金董事，并说服他们成立惠灵顿集团（Wellington Group），专门负责经营惠灵顿和其他几只精选基金。惠灵顿的这8只基金均由公司自己全资拥有，“以成本为基础做出经营决策，这是一只真正由基金持有人共同所有的基金，开创了行业先例。我为新公司选择的名字是先锋集团（The Vanguard Group）股份有限公司。1974年9月24日，先锋诞生了”。

经过16个月的不懈努力，他说服先锋董事会创建了一只指数基金，即第一指数投资信托基金（the First Index Investment Trust）。博格向董事们展示的证据表明，在过去的30年里，标准普尔500指数的年均涨幅为11.3%，而试图跑赢它的基金的收益率只有9.7%。接下来的事就人尽皆知了，嗯，也许吧。华尔街还没有准备好接受指数基金或指数成分股。当这类基金于1976年8月上市时，股市刚刚经历了大萧条以来最严重的熊市，刚从“失去的10年”中走出来，股价刚恢复至10年前的水平。博格确信自己会有一番作为，他继续努力前行，意志非常坚定。他知道，指数基金将给投资者提供最好的机会，让他们在长期内获得应有的收益。

第一指数投资信托基金在创立后的前10年里表现良好，资产规模增加至6亿美元（不到共同基金资产的0.5%）。但在这个领域，竞争还不算激烈。事实上，第二只指数基金直到1984年才由富国银行（Wells Fargo）创立。斯塔奇科奇公司股票基金（The Stagecoach Corporate Stock Fund）推出时，申购费为4.5%，年度管理费为1%。如今，该基金的规模达到了20亿美元。博格说过，“想法不重要，重要的是付诸实施”。我觉得他说的很有道理。

指数基金在创立10年后开始走上成功之路，基金规模从6亿美元增长到了910亿美元。博格的投资理念得到了肯定，而且还不止于此。

从1976年到2012年，先锋500指数基金的收益率为10.4%，而大盘股混合基金的平均收益率为9.2%，二者仅相差1.2%，几乎与博格40年前向董事会提供的数字相等。几十年来的业绩纪录表明，指数基金可以为投资者提供稳定的收益，这也是这类基金相比于其他类型投资的主要优势。如今，指数基金约占共同基金全部资产的30%。

也许最引人注目的事实是，2016年，先锋基金的资金净流入量为2890亿美元，超过了晨星（Morningstar）数据库中其他4000家全球基金提供商的净流入量总和。

约翰·博格直到47岁才创立了指数基金，所以，如果你还没有找到一种令你满意的投资方法，不要灰心，现在还为时不晚！也许你在挑选股票、购买期权或把握市场时机之间犹豫不决，几乎没有取得过亮眼的业绩，不要紧，我理解你，你还处在探索阶段。

我花了大约5年的时间和近2万美元的佣金才意识到，我注定不会成为下一个保罗·都铎·琼斯。我太情绪化了，无法成为一名成功的交易员，因此我投入了博格指数基金的怀抱。不是每个人都会买入指数基金并持有它们，投资它们的过程可能很艰难，可能会经历痛苦，可能会经历起起落落，还有可能几十年看不到任何回报。但对我来说，这是最好的投资方法。有些人可能与我的看法不同，这很正常，重要的是找到适合自己的投资方法。不过方法可以被重复运用，这需要一个过程。股市波谲云诡，变化多端，你想临场发挥很难。

随着年龄增大，我们更需要未雨绸缪，及早谋划退休后的生活。和博格一样，你需要找到适合自己的方法！希望你在阅读了博格这样的投资巨头遭受的一些打击后，能意识到投资是自我发现之旅。如果你仍在旅途中，那就继续不断探寻吧！

CHAPTER 6

第6章

迈克尔 · 斯坦哈特

在熟悉的领域里投资

在自己熟悉的领域里投资并非易事，但与其他人相比，这是自己的一大优势。

——赛斯·卡拉曼（Seth Klarman）

即使你很清楚自己在做什么，在市场里赚钱也不容易，例如专业的金融分析师，他们对特定的产业有很深入的了解，但他们依然很难分辨出哪些是赚钱股，哪些是赔钱股。

随着交易型开放式指数基金（ETF）和交易所交易票据（ETN）的激增，市场的各个投资领域变得更加容易进入。不过，我们能够交易大宗商品、货币、期权、股票和债券，并不意味着我们就应该交易它们。在舒适区之外游荡可能会让你付出极为高昂的代价。你不会看到律师去做口腔手术，也不会看到会计师绘制蓝图。同理，作为一名投资者，你要界定自己的能力范围并且不要越界。

沃伦·巴菲特就是投资者的好榜样，他深知自己的能力有限。随着20世纪90年代末科技泡沫的膨胀，他是为数不多的从未参与炒作这类股票的知名投资者之一。他对半导体一无所知，对互联网更是一窍不通，他敢于承认这些事实。因此，当他的伯克希尔·哈撒韦公司的股价腰斩时，他仍然坚守自己的投资原则。巴菲特从未停止过收购那些他熟悉其业务领域的公司。但也许更重要的是，他从未试图收购过一家他不了解其业务的公司，因此，在收购中他从未支付过不合理的高价。

1999年7月，在爱达荷州（Idaho）的太阳谷会议（Sun Valley Conference）上，巴菲特在谈及当前的投资形势时，给在场的投资者泼了一盆冷水。这件事之所以有趣，并不是因为巴菲特很少谈论整体的市场环境，而是因为台下的观众十分不寻常。坐在观众席上的是比尔·盖茨（Bill Gates）、安迪·格罗夫（Andy Grove）

和其他在近期的科技股热潮中崛起的百万富翁。在他们看来，巴菲特的悲观评论只不过反映了一位无法适应时代的老人的酸葡萄心理。在过去的12个月里，伯克希尔·哈撒韦公司的股价下跌了12%，而主要反映科技股行情的纳斯达克100指数则上涨了74%。某些科技股的表现更好：思科（Cisco）的股价上涨了110%，雅虎（Yahoo）的股价上涨了350%，高通（Qualcomm）的股价则上涨了408%。

对于价值投资者来说，20世纪90年代末的日子很不好过。互联网泡沫暂时改变了金融界估算企业价值的方式。例如，电子玩具股份有限公司（eToys Inc.）在首次公开募股当天，股价上涨了325%。在过去的12个月里，玩具反斗城（Toys “R” Us）的营业收入是电子玩具股份有限公司的150倍，净利润是1.32亿美元，而电子玩具股份有限公司则是亏损了7300万美元。尽管如此，电子玩具股份有限公司的市值为77亿美元，而玩具反斗城这家实体零售商的市值仅为57亿美元。

因投资者抛售价值股转而买入成长股，可口可乐（Coca-Cola）、吉列和伯克希尔控股的《华盛顿邮报》（*Washington Post*）等公司的股价行情低迷。从高峰到低谷（1998年6月到2000年3月），沃伦·巴菲特的伯克希尔·哈撒韦公司的市值蒸发了51%！我估计，巴菲特的净资产在此期间减少了100多亿美元。那巴菲特卖出了多少伯克希尔的股票呢？答案是，一股也没有。那他买入了多少思科公司的股票呢？答案还是一股也没有。巴菲特没有受到科技股的诱惑，他仍然致力于价值投资，最终获得了丰厚的回报。

成功理财的关键是，像巴菲特一样接受这个事实：有时你的交易风格会变得不合时宜，或者你的投资组合会遭遇困难。当你开始寻找其他投资机会时，你的财务状况会严重受损。迈克尔·斯坦哈特（Michael Steinhardt）和他的投资者在1994年就有过这样的经历。

迈克尔·斯坦哈特是那种天生就喜欢选股的人。很多投资者小小年纪就开始进行投资了，被坊间传为佳话，斯坦哈特与他们不一样，他实际上是用成年礼金开始做投资的。他的父亲给他买入了宾夕法尼亚迪克西水泥公司（Penn Dixie Cement）和哥伦比亚天然气系统公司（Columbia Gas System）的股票。他在自传《我不是多头》（*No Bull*）中谈到了自己13岁时对股票投资萌发兴趣的经过。他接受的所有教育和他的整个职业生涯都与美国股市密切相关。他对股市的热爱随着时间的推移不断增强。他每天都会审视自己的投资组合6次，他对股票投资的痴迷得到了回报，也让他的客户赚了很多钱。

斯坦哈特是对冲基金行业的先驱，与乔治·索罗斯（George Soros）和朱利安·罗伯逊（Julian Robertson）并称该行业的三巨头。斯坦哈特、法恩、伯科威茨公司（Steinhardt, Fine, Berkowitz & Company）于1967年7月10日成立，注册资金为770万美元。从该公司成立到1995年斯坦哈特退休，即使不算其间获得的20%利润，他们的年均收益率仍高达24.5%。从1967年到1995年该公司终止营业，投资者最初投入的1美元增长为481美元。要想更直观地理解该公司的业绩有多么辉煌，可以对比一下同期标准普尔500指数的表现，1967年投资于该指数的1美元到1995年增值为19美元。换句话说，1967年向斯坦哈特公司投资的1万美元在1995年增值为480万美元，而投资于标普500指数的1万美元仅增值为19万美元。这些令人难以置信的业绩数字可不只是抽象的数据。很多基金经理都有良好的长期投资业绩纪录，但他们无法确保客户在跌宕起伏的市场中坚守对他们基金的投资。

斯坦哈特曾经分享过这样一个故事：一位早期的投资者一直与他风雨同舟，对他不离不弃，这样的坚守让这位客户赚了一大笔钱。这位投资者名叫理查德·库珀（Richard Cooper），他在1967年左右开始与斯坦哈特合作。他最初投资了50万美元，等到斯坦哈特的公司终止营业时，这笔资金增值为1亿美元。

尽管斯坦哈特的业绩稳定，但他是一位情绪容易失控的激进交易者。他讲述过这样一件事情：他公司的一个投资组合，一个本应是低风险的投资组合，包含的债券出现了计价错误。他得知这一情况后大怒，毫不留情地严厉斥责了投资组合经理。他写道："我怒不可遏。人们在很远的地方都能听到我在办公室发出的斥责声。那位投资组合经理终于鼓起勇气回复了我几个字：'我只想自杀。'我冷漠地回应说：'我能在旁边看着吗？'"斯坦哈特也意识到自己的脾气太火爆了，但他没有做出太多的改变。他有时也会表现得非常傲慢，尤其是在他顺风顺水的时候。

正是由于他对股市极为痴迷，在30年的职业生涯中，不论市场环境如何，他的公司都能蓬勃发展，他的同行们却做不到这一点。美国证券交易委员会（SEC）曾经研究过20世纪60年代末快速交易热潮戛然而止时对冲基金遭受的伤害。1971年5月，《财富》（*Fortune*）杂志发表的题为《对冲基金的不幸》（“Hedge Fund Miseries”）的文章中就引用了这项研究的数据，它指出，一旦牛市放缓，许多对冲基金就很难跑赢大盘。据《财富》杂志报道，“美国证券交易委员会的研究表明，28家规模最大的对冲基金的资产在1968年占整个基金业总资产的82%，从1968年底到1970年9月30日，这些对冲基金的资产规模下降了70%，约为7.5亿美元。至少有一只基金的投资组合在这一时期获得了正收益。毫不奇怪，名列美国证券交易委员会1970年基金名单榜首的，正是斯坦哈特、法恩、伯科威茨公司”。

尽管迈克尔·斯坦哈特的业绩纪录令人惊叹，但他跟所有的股市投资人一样，都经历过痛苦的低谷时期。他执掌的基金在1987年的股市崩盘中几乎全军覆没，更让他雪上加霜的是，他在1987年10月19日上午买入了更多的标准普尔指数期货。他遭受了巨大的损失，但也不是什么大不了的事。大多数人都没有预料到股市会崩盘，斯坦哈特声称他预料到了，但他还是继续投资了。可喜的是，在他的领导下，公司安然度过了此次危机。但接下来发生的事情为投资者提供了可从迈克尔·斯坦哈特身上学到的最重要的教训。

20世纪90年代中期，对冲基金大受追捧，投资者蜂拥而至，基金经理们忙得不亦乐乎。斯坦哈特在《我不是多头》一书中描述了当时的盛况：

> 似乎每个“老练”的投资者都想参与对冲基金投资，也许是因为对冲基金的声誉代表着一种独特性。对冲基金成了热门词汇。潜在的投资者纷至沓来，他们恳求我们允许他们投资。在参加社交活动时，潜在的投资者总是围着我，请求我允许他们投资。

在资金充裕的情况下，斯坦哈特于1993年成立了他的第四只基金（也是他的第二只离岸基金)，即斯坦哈特海外基金(the Steinhardt Overseas Fund)，这只基金管理的资产规模不到50亿美元，不论是在当时还是现在，这都是巨额资金。但管理如此大规模的资金是有成本的。即使剔除了通货膨胀的影响，斯坦哈特当时掌管的资金也是最初的200多倍了。他主要投资于中小盘股票，而这些股票的股价越来越难以上涨，所以他做了一件非常愚蠢的事。他开始像乔治·索罗斯一样在全世界寻找机会，进入了对他来说相对陌生的领域。

斯坦哈特习惯了美国股市的快速交易，但他新建立的基金的规模庞大，取得优秀的业绩非常困难，这迫使他冒险进入了他不擅长的领域。法国债券与通用电气公司的股票不可同日而语，就像iPhone手机与松鼠风马牛不相及一样。斯坦哈特的成功在很大程度得益于他对交易市场的深刻理解。现在，他被新兴市场上有潜力的新股所吸引了，而他对这些市场所处的商业环境和政治制度知之甚少。他后来在回忆录中写道："不幸的是，我们无所畏惧地前行了。"

投资外国股票本就已经超出了他的能力范围，但现在他又要涉足月球了。他执掌的基金开始做掉期交易，并对欧洲、澳大利亚和日本的债券进行定向押注。由于做了大量的货币交叉交易，该基金的每日损益表长达30页，其中的许多内容让人难以理解。

斯坦哈特对自己的投资敏锐性颇为自信，因而在投资中十分大胆，他的投资者将为他的傲慢付出代价。查理·芒格曾经说过："如果你玩的游戏别人有天赋，而你没有，你肯定会输。"斯坦哈特也在玩注定会输的游戏。他在股票大宗交易中取得了成功，随着声誉日盛，他与经纪人的关系也日益密切。他管理的资金的规模是他的一大优势，作为一名贵宾客户，当他需要快速买卖时，他总是可以与经纪人取得联系。但在欧洲，斯坦哈特与经纪人没有密切的长期关系，当形势变得不利时，他并非他们的优先服务对象，更何况他们也自身难保了。

过度自信使他们忘记了谨慎原则，只是一个劲儿地拓展业务。斯坦哈特缺乏对这些市场的深入了解，但他相信，依靠自己在美国股市积累的经验和知识，他可以在全球取得成功。事实证明，这样的想法是错误的。

1994年2月4日，美联储加息0.25%，麻烦出现了。美国债券价格下跌，但跌幅不及欧洲债券的。债券市场的崩溃使斯坦哈特的投资组合损失惨重。仅在加息后的4天内，他就损失了8亿美元。美联储每加息一个基点（0.01%），他的基金就亏损700万美元。

把大量的资金投入自己不熟悉的领域是导致亏损的一大原因，但比亏损更具破坏性的是，亏损给投资者留下的心理创伤。斯坦哈特踏入了自己能力范围之外的领域，这决定了他的命运。1994年以来的经历让他心力交瘁，他再也不能无视自己内心的感受了。用他自己的话说："1987年的业绩令我感到震惊；1994年的业绩让我沮丧至极，我元气大伤，而且感觉恢复无望。"

斯坦哈特和一直坚守在他身边的客户在1995年迎来了一次不错的反弹，反弹幅度高达26%，收回了前一年的大部分损失。正是在这次反弹期间，他做出了在54岁时退休的决定。

"截至1994年，他度过了26年完美的基金经理职业生涯，投资者的年均收益率高达31%。去年斯坦哈特执掌的基金严重亏损，缩水了29%，主要是因为他持有了价值暴跌的欧洲债券。他管理的资产从1994年初的约50亿美元缩水至今年年初的21亿美元。"

尽管斯坦哈特在1994年亏损了29%，但他还是创造了对冲基金行业30年以来最出色的业绩纪录。但对我们这些普通人来说，要想在投资中取得长期的成功并不需要那么出色的业绩。我们无法控制市场回报，但如果我们能时刻保持警惕，不犯大错，我们就会取得成功。

偏离自己擅长领域的诱惑永远不会消失，因为你总是希望能持有一些价格上涨的投资品，避开价格下跌的投资品。例如，2008年美国股市的跌幅高达40%，但美国政府发行的长期债券的价格上涨了26%。这就是行为差距（behavior gap）可能会缩小，但永远不会消失的原因。这里的行为差距是指，投资者不仅跑输了大盘，而且跑输了他们的投资。这里有一个很好的例子：2016年8月，规模最大的标准普尔500指数基金SPY的投资者获得的收益率比2009年3月该基金的收益率低115%！

不良行为是投资者面临的最大危险之一，而在能力范围之外投资是投资者最常见的不良行为。你的能力范围有多广并不重要，重要的是不要越界。承认自己的能力有限并严守界限，你肯定能取得成功。

这并不是说你要永远待在自己的舒适区里，毕竟，如果你永远不扩大视野，你就永远增长不了见识。但是，若要投资不熟悉的领域，你一定要先熟悉相关的细则，从小额投资入手，管控好风险，及时止损，以便日后再战。

CHAPTER 7

第7章

蔡至勇

你没有想象的那么聪明

天才的行情在不断上涨。

——约翰·肯尼思·加尔布雷思（John Kenneth Galbraith）

从历史上看，股票大多数时候在上涨，至少在美国是如此。自1900年以来，道琼斯工业平均指数每年都会在47%的时间里出现两位数的涨幅。当顺风顺水时，投资者自然倾向于把他们的收益归因于技能，而不是有利的市场条件。

《逆向思维投资艺术》（*The Art of Contrary Thinking*）一书的作者汉弗莱·B.尼尔（Humphrey B. Neill）曾一针见血地指出："不要把聪明人与牛市混为一谈。"在牛市中，我们无法正确地判断自己选择绩优股的能力，这种现象非常普遍，以至于出现了一个专门描述它的术语，即归因偏差（Attribution bias）。"归因偏差是指，人们倾向于把成功归因于自己的能力，而把失败归因于外部'不幸的'力量。"

2013年的一篇研究论文指出，牛市会导致个人投资者增加交易次数。在牛市环境中，我们本应当减少交易次数，但我们往往反其道而行之，这是因为，在不断上涨的市场中，我们会不断收到积极的反馈，我们会沉迷于身体产生的自然刺激。为了保持这种感觉，我们的交易越来越频繁，越来越快。不幸的是，有充分的证据表明，股票换手率和超额回报呈负相关关系。牛市给投资者犯错留下了很大的空间。当牛市结束，潮水退去时，我们会发现谁在"裸泳"，谁把聪明人与牛市混为一谈了。

道琼斯工业平均指数于1929年达到峰值，在随后的3年里，它经历了近90%的暴跌，而要恢复之前的峰值，它需要实现825%的涨幅。整整25年后，即1954年11月，道琼斯工业平均指数才超过了之前的峰值，同年，约翰·肯尼思·加尔布雷思的经典大作《大崩盘》（*The Great Crash*）一书出版，论述了引发大萧条的市场事件。

20世纪50年代，道琼斯指数从200点上涨到680点，年均涨幅高达13%。包括股息在内的标准普尔500指数实际年化增长率（剔除通胀影响）为16.76%，这是有史以来最好的10年。尽管涨幅很大，但很少有人写20世纪50年代的投资盛况，因为经济崩溃和随后的大萧条让整整一代投资者从市场上消失了。

从1929年到1932年，股市下跌了90%，之后有所反弹，然后又在1937年下跌了50%。投资者对股票产生了厌倦心理，这是可以理解的。市场对这些风险票据的需求很少，在20世纪40年代，有50%的交易股票的市盈率为个位数（长期的市盈率均值约为17）。

不仅是个人投资者不想与市场有什么瓜葛，就连金融业也少有新鲜血液注入。从1930年到1951年，在纽约证券交易所交易大厅里工作的只有8人。乔治·古德曼（George Goodman）以亚当·斯密（Adam Smith）的化名在《金钱游戏》（*The Money Game*）一书中写道："华尔街失去了整整一代人，因为从1929年到1947年间，没有人去那里……通货紧缩的阴影总是挥之不去；它总是有可能再次发生，这种感觉，即使是无意识的，也需要花大力气才能克服。"正如罗杰·洛温斯坦所说，"格雷厄姆这一代人带着对大萧条的可怕记忆退休了。华尔街重新唤醒了一批年轻人来接棒，他们中的许多人在1929年还没有出生，他们对前辈没完没了的说教感到厌倦"。

到了1969年，在金融业从业人员中，45岁以上的人占了90%。年轻人成了华尔街的一笔巨大财富："《机构投资者》杂志报道了一位不满30岁的股票分析师的故事，他有3年的工作经验，薪水为25,000美元。为了更好地发展，他决定更换工作。在找工作的两周内，他收到了15份工作邀请，其中一份承诺给他3万美元的薪水外加奖金和公司股权；另一份承诺给他3万美元薪水，两三年后加薪至5万美元并成为合伙人；还有一份承诺给他3万美元薪水加奖金、利润分成和递延酬劳。"

1946年，共同基金的规模为13亿美元，到了1967年，这一数字成倍增长，达到了350亿美元，而且，大量的资金涌向了一个人，即蔡至勇（Gerald Tsai）。在基金经理不公开姓名的时代，他是个例外。

约翰·布鲁克斯（John Brooks）在《沸腾的岁月》（*The Go-Go Years*）一书中精彩地记录了股市投资情绪从冷漠到极度兴奋的转变，他写道："公众认为，在20世纪20年代，有超能力预测未来股价的人是杰西·利弗莫尔；在20世纪60年代中期，这样的超人是蔡至勇。"

1952年，24岁的蔡至勇被介绍给了当时正执掌富达基金（Fidelity Funds）的爱德华·约翰逊（Edward Johnson）。1957年，在30岁生日之前，蔡至勇开始管理富达投资基金（the Capital Fund），他是有史以来第一位明星资金管理人。所有的基金经理都在关注着他的一举一动。"我认识的一些基金经理很清楚自己要做什么，他们的目标几乎是一样的。他们都说：'我的工作就是击败富达。'"

他交易大宗股票，快速地买入卖出，火力全开。当某只股票的价格涨速快于大盘时，他就会买入，当它的涨速放缓时，他就会转向其他股票。另一位激进的投资者弗雷德·卡尔（Fred Carr）这样描述这种交易风格："我们不会爱上任何一只股票。每天早上，所有东西都在等待被卖出，包括投资组合中的每一只股票，还有我的西装和领带。"爱德华·约翰逊这样描述蔡至勇的交易风格："看着他的反应真是太有意思了……多么有风度，时机把握得多么好啊，真是太棒了！"蔡至勇的投资组合每年的换手率经常超过100%，这意味着他每持有一股，就有一股的交易。这不是华尔街管理投资组合的惯用方式。

蔡至勇对时机的把握、在交易中体现出来的风度，尤其是他实现的收益率，吸引了大量的投资者，他们都想持有富达投资基金。从1960年5月到1961年5月，持有该基金的人数从6200人增加至36,000人。

蔡至勇与富达创造了令人难以置信的业绩纪录。从1958年到1965年，他执掌的基金的收益率高达296%，而保守型股票基金的平均收益率为166%。不过，富达是一家家族式企业，尽管蔡至勇取得了巨大的成功，并且在1963年被任命为执行副总裁，但他充分意识到，内德·约翰逊（Ned Johnson）将接替他的父亲成为富达的掌门人。因此，1965年，他以220万美元的价格将自己的股份卖给了富达，然后离开了波士顿前往纽约，创立了曼哈顿基金（Manhattan Fund）。

人们把蔡至勇视为英雄，就连他的竞争对手也是如此。他被视为当代顶尖的基金经理，他给这个行业赢得了好名声。然而，在投资者、竞争对手，甚至蔡至勇自己眼中被视为技巧和天才的东西，都不过是运气而已。

蔡至勇的曼哈顿基金最初计划向公众发行250万股，但投资者对这位高频交易鼻祖的兴趣很强烈，他们的认购额是蔡至勇预期的10倍。最终他的基金发行了2700万股，筹集到了2.47亿美元的资金，刷新了投资公司募集金额的纪录。这一惊人的金额占了当年流入股票基金的现金流总额的近15%。为了投资当时最著名的资金管理公司，投资者甚至愿意支付8.5%的申购费用。但这样的盛况很快就会成为历史。

蔡至勇成了炙手可热的人物，曼哈顿基金也成了人们茶余饭后谈论的话题。他在华尔街有着超乎寻常的影响力。人们很难跟上他闪电般的交易操作，也难以了解他的实际持仓状况，但这并不妨碍他们做出猜测。他们不仅密切关注着他的动向，而且一面支持他，一面又在等待着他陷入困境。很快，蔡至勇就从世界之巅坠落，遭到投资者的嘲笑和蔑视。

在蔡至勇所处的快速交易年代，增长势头强劲的股票风靡一时。宝丽来（Polaroid）、施乐、IBM的市盈率都超过了50%。这些高价股票得到了极高增长率的支撑。从1964年到1968年，IBM、宝丽来和施乐的每股收益分别增长了88%、22%和171%。其他公司，如大学计算机（University Computing）、莫霍克数据（Mohawk Data）和仙童摄影器材（Fairchild Camera）的股票交易价格是其过去12个月盈利的数百倍。在1969—1970年的熊市期间，这3家公司和许多其他类似公司的股价都下跌了80%以上。

曼哈顿基金在1967年上涨了近40%，是道琼斯指数涨幅的两倍多。但在1968年，该基金下跌了7%，在阿瑟·理柏经纪公司（Arthur Lipper）追踪的305只基金中排名第299位。

华尔街的金融家们完全没有预料到市场会崩盘。到了1969年，华尔街有一半的销售人员是在1962年才入行的，他们只看到了股价节节攀升。当股市逆转时，之前涨速最快的股票也下跌得最快。例如，蔡至勇之前花500万美元买入122,000股（美国）全国学生营销公司（National Student Marketing）的股票，这只股票从1969年12月的143美元暴跌至1970年7月的3.50美元。在1929年9—11月的股灾中，蒸发的市值为300亿美元，但在1969—1970年的股灾中，蒸发的市值高达3000亿美元。

20世纪60年代的“枪手”只考虑收益，很少关注风险。这种不负责任的态度是他们所处的市场造就的结果。从1950年到1965年底，道琼斯指数在66%的时间里都保持在高点的5%以内，在87%的时间里保持在高点的10%以内，根本没有大起大落。从1950年到1965年，唯一的熊市是“肯尼迪断崖”（The Kennedy Slide），当时标准普尔500指数下跌了27%，但一年多后便回升至原来的水平。

蔡至勇玩的是一场不可能持续获胜的游戏。他是新一代交易员中最先抛弃谨慎稳健的交易风格，转而寻求快速获利的人。在他的带领下，曼哈顿基金成了运用微观策略的先驱，而其他人则纷纷效仿他们的一举一动。洛温斯坦表示，“据说蔡至勇参与股票交易的传言足以引发一场小规模的踩踏事件”。

蔡至勇看到了大难临头的兆头。1968年8月，他把蔡至勇管理研究公司（Tsai Management and Research）以约3000万美元的股票卖给了保险公司C. N. A. 金融公司（C. N. A. Financial Corporation）。

回顾以往的经历，想到别人对待他的态度，蔡至勇心中五味杂陈，颇不是滋味。他说：

> 对曼哈顿基金来说，1967年是非常顺利的一年，我记得基金规模增长了58%。我认为在大基金中，我们的表现是最好的。所以那一年我感觉良好。接下来的一年就不一样了。在那一年里，我的感觉很糟糕。在1967年表现不错的股票在1968年表现不佳了。要么是我持仓过久了，要么是我买错了股票，但我认为，媒体一直对我很不友善。富达投资基金创建于1958年，所以可以说，从1958年到1967年，我们一直处于领先地位。1968年，我们的业绩很糟

糕，在那以后，我一直深受媒体的折磨。就像一名棒球手，对吧？如果你在10场比赛中表现优异，但在1场比赛中表现糟糕，你就一无是处了吗？我认为这样的评判很不公平。

蔡至勇确实在“10场比赛中表现优异”，但他参加的比赛就如同是在两边竖起了保护墙的赛道上打保龄球。他尽全力投球，结果很好。但当保护墙在1968年被拆除时，他的投资者得到了非常惨痛和重要的教训。曼哈顿基金在接下来的几年里损失了90%的资产，到了1974年，它创下了迄今为止共同基金历史上最糟糕的8年业绩纪录。正所谓水涨船高，在牛市里，几乎所有股票的价格会上涨。投资者从蔡至勇的经历中得到的一个非常重要的教训是：不要把聪明人与牛市混为一谈！

CHAPTER 8

第8章

沃伦·巴菲特

警惕过度自信

让我们陷入困境的不是无知，而是看似正确的荒谬论断。

——马克·吐温

2017年初的一天，标准普尔500指数成分股的交易额高达1050亿美元。每个卖出股票的人和每个运用算法买进股票的人都认为，自己站在了正确的一边。的确，投资者是一群颇为自信的人。

未来是不可预测的，我们总是倾向于相信，我们知道的比我们实际知道的更多。这种思维在投资中的一大表现就是所谓的禀赋效应（endowment effect）。在消费者或投资者买入一种商品后，他们会比以前更重视这一新拥有的资产。

想象一下，你在看一场足球比赛。你对参赛的两支球队毫无兴趣，你用掷硬币的方式决定猜哪一方会赢。你掷了好几次硬币，但最终决定猜指挥进攻的四分卫较弱但防守较强的球队赢。在你走到柜台前下注后，你会立刻对自己的决定感到心满意足。丹尼尔·卡尼曼、理查德·塞勒（Richard Thaler）在1991年发表的论文《反常现象：禀赋效应、损失厌恶和现状偏见》（*Anomalies: The Endowment Effect, Loss Aversion, and Status Quo Bias*）中记录了他们从实验中发现的这一现象。

在康奈尔大学（Cornell University）的一堂本科生高级经济学课上，22名交替而坐的学生都获得了一只在书店里售价为6美元的咖啡杯。当卖家有权卖出咖啡杯，买家有权买入时，研究发现，位于中位数水平的卖家不愿意以低于5.25美元的价格卖出，而位于中位数水平的买家不愿意以高于2.25美元的价格买入。这个实验表明，一旦某样东西属于我们了，我们就无法再以客观的心态看待它了。

卡尼曼和塞勒发现，这种“禀赋”的主要作用“不是增强个人拥有的物品的吸引力，而是增强了个人放弃它的痛苦”。回到你以投掷硬币的方式决定猜哪支球队会赢的例子，如果问你是否愿意改变主意，你的答案很可能是不愿意。一旦你决定了以前不确定的事情，你的信心就会成倍增长。

过度自信深植于我们的基因中，即使我们意识到了这个问题，防止自己免受其伤害也是极其困难的。罗伯特·席勒（Robert Shiller）曾经写道："我们对世界的满足感，来自对自尊心的认同感。"这句话适用于每个人，尤其是金融行业里的人。大卫·德雷曼（David Dreman）在《逆向投资策略》（*Contrarian Investment Strategies*）中写道：

> 分析师被要求对股价做出高估计和低估计。高估计是指，他们有95%的把握认为实际的股价会低于这个数字；低估计是指，他们有95%的把握认为实际股价会高于这个数字。因此，高估计和低估计应该囊括了90%的情况，也就是说，如果分析师能做到实事求是和客观公正的话，那么股价高于和低于这一范围的时间不会超过10%。事实上，股价变动超出这个范围的时间高达35%，是估计值的3.5倍。

不仅仅是普通的投资者，就连金融专业人士也是这个根深蒂固的盲点的受害者。所有买卖过股票的人，包括有史以来最伟大的投资者沃伦·巴菲特，都曾经深受其害。众所周知，这位奥马哈的先知（The Oracle of Omaha）创下了有史以来最辉煌的长期业绩纪录。1962年，他首次买入了马萨诸塞州新贝德福德（New Bedford, Massachusetts）一家小型纺织制造公司——伯克希尔·哈撒韦的股票，自那以来，道琼斯工业平均指数上涨了30倍，而伯克希尔·哈撒韦公司的股价上涨了33,333倍。

巴菲特于1965年取得了伯克希尔·哈撒韦公司的控制权，随着时间的推移，该公司的市值增长了1,972,595%，年增长率高达20.8%。为了说明这样的业绩是多么惊人，我们可以做个对比。假设最初投入了1万美元的资金，按每年20.8%的复合增长率计算，在52年后，这1万美元变成了18,513万多美元。

今天的巴菲特是一位狂热收购公司、待人随和的亿万富翁。在1957—1969年，这位选股奇才经营着一家有限合伙企业。在这12年里，他的总收益率高达2610%，而同期道琼斯指数的增长率为186%。他的有限合伙人每年获得1400%的收益率，年均收益率高达25%！巴菲特的投资者先获得4%的利润，剩余利润由投资者和巴菲特共享，即75%给投资者，25%给巴菲特。巴菲特把自己所有的净资产与客户的资金放在一起投资，有人说他是自己出资自己管理，这样的说法未免有些片面了。在过去40多年的时间里，他经历了9届总统，经历了每一个经济周期，无论是牛市还是熊市，无论出现了什么开创性的技术，他都创造了辉煌的业绩纪录。

沃伦·巴菲特被低估的一大优点是，他能够传播自己的投资理念。早在互联网和博客出现之前，他就在写致股东的信了，这些信件早就成为全球成千上万投资者的必备读物了。在维护伙伴关系的过程中，他反复向合伙人传递的一个信息是，要设定一个适当的基准并心怀现实的预期。随着时间的推移，他的业绩越来越好，他警告他的伙伴们，不要太相信他会继续取得如此骄人的成绩。

洛温斯坦从巴菲特的年度预测中摘录了一些文字，用以说明他是如何降低投资者预期的：

1962年："当我的业绩不好时，我预计我的合作伙伴会退出。"

1963年："未来几年我们肯定……我们遭受冷遇实属活该。"

1964年："我认为我们对道琼斯指数的优势无法保持。"

1965年："我们认为不可能长期保持对道琼斯指数16.6个百分点的优势。"

1966年："毋庸置疑，我们将出现亏损的年份，也将有不如道琼斯指数的年份。"

1966年7月："这样的结果应该被视为明显的异常。"

1967年，他在致股东的信中表达了一些警示观点，在30年后的互联网泡沫中，他又重复了这些观点，即：

当游戏规则改变的时候，只有老人才会说新的方式是错误的，而且肯定会导致问题，等等。我在过去已经为此遭到了其他人的蔑视。我亦看到过因为只根据以往的情况而非现在的情况做出分析而造成的损失。至少有一点我很清楚：我不会抛弃之前我能明白其内在逻辑的投资方法，即便这意味着放弃一种看似容易获得大量利润的我理解不了的方法。这种方法并没有经过足够多实践的考验，而且可能招致永久性的资金损失。

巴菲特原先设定的目标是跑赢道琼斯指数10个百分点，后来他把这一目标修正为年收益率达到9%或者跑赢道琼斯指数5个百分点，以较低者为准。1968年，他的收益率为58.8%，扣除各项费用后净收益率为45.6%，而道琼斯指数当年仅上涨了7.7%。他写信给他的合伙人说，这样的结果“应该被视为异常，就跟在桥牌游戏中拿到13张黑桃一样”。1969年，年仅39岁的他决定做出改变，在他的警告还没有成真之前，他关闭了合伙公司。

有趣的是，尽管巴菲特获得了惊人的回报，而且年纪轻轻（这两点一般会导致普通人鲁莽行事），但他没有过度自信。更有趣的是，在他63岁时，他却自信心爆棚，犯下了他投资生涯中代价最为高昂的错误。

这位“先知”通过收购和控股大企业成了世界上第二富有的人。1972年，他在与合伙人查理·芒格经过激烈的争论后，推动伯克希尔·哈撒韦公司以3000万美元的价格收购了喜诗糖果公司（See’s Candy）。巴菲特原本想支付的价格是2500万美元，但事后来看，即使是以这个价格的数倍收购该公司也很划算，因为自1978年以来，喜诗糖果公司已经为伯克希尔·哈撒韦公司贡献了19亿美元的税前收入。1983年，伯克希尔以5500万美元收购了内布拉斯加家具商城公司（Nebraska Furniture Mart）90%的股份，后者现在是美国规模最大的家具商城了。2011年，该公司的营业收入是当年收购价的10倍。2015年，内布拉斯加家具商城在得克萨斯州开设了一家分店，这家分店第一年的销售额就高达7.5亿美元。

巴菲特在其职业生涯中收购了多家非常优秀的公司，但让他跻身《福布斯》400强的不是喜诗糖果公司或内布拉斯加家具商城公司，而是保险公司。

巴菲特很早就开始涉足保险业了。1951年在商学院学习期间，他就去过总部设在华盛顿的政府雇员保险公司（Government Employees Insurance Company），简称盖可保险公司（GEICO）。哥伦比亚大学证券分析系主任、巴菲特的老师本杰明·格雷厄姆时任该公司的董事长。当时该公司的年营业额为800万美元，如今，该公司每3个小时的营业额就有这么多，而且其业务量占美国保险行业的12%。巴菲特于1952年首次买入了这只股票，持有一年后将其卖出，获利50%。

1967年，巴菲特出资860万美元收购了国民保险公司（National Indemnity），如今它是世界上规模最大的财产/意外伤害保险公司。从在商学院读书时起，他就一直在关注着盖可保险公司的股价，当他最终瞅准了一个获利丰厚的机会时，他决定放手一搏。1976年，盖可保险公司发布的数据表明，该公司上一年亏损了1.26亿美元，随后其股价下跌至4.875美元，而在两年前，其股价高达42美元。巴菲特买入了50万股，并不断增持，很快就成了控股股东。1996年初，伯克希尔出资23亿美元收购了盖可保险公司其余一半的股份（此前巴菲特只花了4600万美元就将该公司48%的股份收入囊中）。如今，盖可保险公司的承保利润为4.62亿美元，保险浮存金为170亿美元。

巴菲特在伯克希尔·哈撒韦公司2016年致股东的信中概述了他收购盖可保险公司的部分原因。盖可和其他财产/意外保险公司一样，提前向客户收取保费。然后，在客户索赔时做出赔付。巴菲特解释道：

> 这种“先收取，后支付”的模式让财产/意外伤害保险公司拥有了一大笔现金，我们称之为“浮存金”，这些资金最终会落入别人的口袋。与此同时，保险公司可以为自己的利益使用这笔浮动资金进行投资。尽管个别保单会出现问题，索赔也时有发生，但保险公司持有的浮存金相对于保费量通常保持在相当稳定的水平。

但也不是每一次收购都能让巴菲特盈利。1987年，巴菲特向所罗门兄弟公司（Salomon Brothers）投资了7亿美元，这是截至当时他规模最大的单笔投资。在1991年该公司违反美国财政部竞拍规则的丑闻曝光后，这项投资仍然被证明是有利可图的，但巴菲特等人为减低其不利影响四处奔走，劳心劳力，代价巨大。

1990年，他们买入了全美航空公司（US Air）12%的股份，该公司最终停止派发优先股股息。伯克希尔原先以3.58亿美元收购的股份，在几年后价值仅为8600万美元了，缩水了76%。查理·芒格说：“这是一次令人羞愧的经历，眼巴巴地看着公司资产净值蒸发……1.5亿美元、2亿美元……虽然伯克希尔安然度过了此次危机，但我们再也不想有这样的经历了。”

这些经历虽然不太光彩，但与巴菲特代价最高的错误相比，它们就显得微不足道了。1993年，伯克希尔以4.33亿美元的价格收购德克斯特鞋业公司（Dexter Shoes）。几年后这家公司的价值降为零，但更大的问题是，巴菲特在收购该公司时，是用伯克希尔的股票支付的收购款。收购交易达成时，伯克希尔的股价为16,765美元，当时共支付了25,200股。如今，伯克希尔的股价上涨为了24.2万美元，涨幅高达1350%。当时伯克希尔的市值为190亿美元。我能想象得出，当初若有人告诉巴菲特，他刚刚把将来价值高达60亿美元的股票送给了一家将来不值一文的公司，他会怎么想。这些股票现在的价值大概是这笔交易达成时伯克希尔市值的33%。

巴菲特知道自己在做什么，这不是他第一次买下整个公司，甚至不是他第一次买下整个鞋业公司。1991年7月，伯克希尔收购了H. H. 布朗鞋业公司（H. H. Brown），该公司是北美一家领先的工作鞋和靴子制造商，而且“销售毛利和资产回报数据良好”。德克斯特鞋业公司生产的男鞋和女鞋价格公道，当巴菲特有机会收购该公司时，他便欣然出手了。

巴菲特告诉《纽约时报》的记者说，“德克斯特鞋业公司正是伯克希尔·哈撒韦公司所推崇的那类企业……它有着悠久的盈利历史、持久的特许经营权和卓越的管理”。

在1993年致股东的信中，巴菲特如此评价德克斯特鞋业公司：

> 去年我们所做的是1991年收购布朗鞋业公司的续曲。布朗鞋业是一家经营高品质鞋靴的制造公司，是一家真正成功的企业：虽然我们一开始就对它有相当高的期待，但在弗兰克（Frank）和其他管理人员的努力之下，它的表现甚至超出了我们的预期。我们对弗兰克团队十分有信心，于是我们在1992年底又买下了洛厄尔鞋业公司（Lowell），它是一家制造女鞋与护士鞋的老牌公司，不过其业务还需要改进。这家公司的表现又超出了我们的预期，所以

我们再接再厉，于去年又趁机买下了缅因州的德克斯特鞋业公司，该公司专门制造高级男女品牌鞋。这次我可以向大家保证，德克斯特鞋业公司不需要进行管理上的调整，它是查理跟我在职业生涯中见过的最优秀的公司之一。

巴菲特当然知道德克斯特鞋业公司面临的一些商业挑战，但正如爱丽丝·施罗德（Alice Schroeder）在其精彩的传记《滚雪球》（*The Snowball*）中所描述的那样，“制鞋业有点超出了他的‘能力范围’，他赌市场对进口鞋的需求会减少”。很明显，这位曾警告投资者不要过于自信的天才投资者，现在已经变成了一位过于自信、热衷于收购公司的商人。巴菲特写道：

5年前，我们还没有想过涉足制鞋业。现在，我们在这个行业已经有7200名员工了。在上班途中，我一边开车，一边哼唱着“没有什么生意比得上制鞋业”，歌舞片《娱乐至上》（*There's No Business Like Shoe Business*）中的词。最重要的是，哈罗德（Harold）和彼得（Peter）可以确保，他们能够像被收购前一样经营自己的企业——这是他们挚爱的事业。在伯克希尔·哈撒韦公司，我们不会在旁边指手画脚，我们不会告诉能打出400次安打的击球手如何挥杆。

特伦·格里芬（Tren Griffin）在《查理·芒格的原则》（*Charlie Munger: The Complete Investor*）一书中写道：“在对德克斯特鞋业公司进行尽职调查分析时，巴菲特和芒格犯了一个错误，他们没有确认公司是否有护城河，而是过于关注诱人的收购价格了。”

“现有证据在多大程度上验证了相关的假设，会对人的直觉判断产生极大的影响。”除了德克斯特的财务状况和拟议收购价格外，巴菲特所掌握的证据是他在不到两年前收购布朗鞋业时取得的成功。巴菲特做了每个人都会做的事，即在决定是否做某件事情时，以自己最容易记住的过往经历为依据；也就是说，在决定是否收购德克斯特鞋业公司时，他以收购布朗鞋业的成功经历为依据。

巴菲特过于相信布朗鞋业的负责人弗兰克·鲁尼（Frank Rooney）了，正是后者促成他完成了对德克斯特鞋业的收购。巴菲特也过于信任德克斯特鞋业公司的创始人哈罗德·阿方德（Harold Alfond）了。最后，他太自信了。德克斯特鞋业公司的经营很快就恶化了，在接下来的5年里，巴菲特没有在伯克希尔·哈撒韦公司致股东的信中提及过该公司。

之后，问题开始浮出水面。在自1994年起的5年里，伯克希尔制鞋业务的利润和收入一直在下降。到了1999年，制鞋业务的营业收入下降了18%，利润下降了57%。巴菲特在当年致股东的信中写道：

> 我们主要在美国本土制造鞋子，缺乏竞争优势。1999年，美国消费了13亿双鞋子，其中有93%是进口商品，低廉的劳工成本是主要的影响因素。

到了2000年，问题不再是他能否扭转这家制鞋公司的局面了：

> 事后来看，我在1993年出资收购德克斯特鞋业公司根本就是个错误，更糟糕的是，当时我是用伯克希尔的股份收购它的，为此我们在去年冲销了因收购德克斯特鞋业而产生的所有商誉，虽然该公司在未来可能有机会恢复部分商誉，但目前显然还看不到任何迹象。

巴菲特在收购德克斯特鞋业公司时可能被信心蒙蔽了双眼，但他很快就坦承了错误。他在2014年写道："这是一场金融灾难，理应入选《吉尼斯世界纪录大全》（*Guinness Book of World Records*）。"

巴菲特在2007年、2014年和2016年多次谈及了收购德克斯特鞋业公司的错误。事实上，巴菲特的一大优点是，他认识到犯错是游戏的一部分。在巴菲特历年致股东的信中，"错误"一词出现过163次。和所有在股市里摸爬滚打过的人一样，他对糟糕的投资并不陌生。

巴菲特有自信的权利，但他的过度自信让伯克希尔·哈撒韦公司损失了60亿美元。对于我们其他人来说，我们应该花时间深入思考这些问题：我们为什么要投资？我们真正知道些什么？我们知道的比站在交易另一边的人多吗？我们知道报纸或互联网上没有的信息吗？我们知道自己什么时候是对的吗？如果我们犯了错，该怎么办？过度自信植根于我们的内心，即使意识到了这一点，我们也有可能过度自信。

那么投资者该如何应对这一问题呢？巴菲特提出了一个好方法。如果给你一张只有20个洞的打孔卡片，这些洞代表的是你余生可以做出的所有投资，那么你会更加慎重地思考你要做什么。这不是一个实用的建议，在现实生活中，没有人能做到这一点，但这个方法有助于你思考分配给每项投资的时间和精力。投入时间深入思考可以放缓行动速度，抑制冲动的行为。但是，投入了太多的时间，搜集整理了太多的信息后，我们有可能会变得更加自信！我们又会走上老路，觉得我们知道的比我们实际知道的更多。过度自信问题确实很棘手。

在进行投机性操作时，防止过度自信的最佳方法是提前制定周密的计划。要知道自己什么时候错了，依据价格水平、美元损失额或百分比损失水平做出判定。提前做出决定，尤其是承认失败的决定，可以帮助投资者克服面临的最大障碍。多照照镜子，看清楚自己根本不具备什么能力。

CHAPTER 9 第9章

比尔 · 阿克曼

不要高调唱空

我们对世界的满足感，来自对自尊心和个人标签的认同感。

——罗伯特·席勒

我曾读到过诺贝尔经济学奖获得者、心理学家丹尼尔·卡尼曼的这番论述："我们的思想多少反映了我们的行为，它们就跟我们的个人物品一样，尤其是在公开场合。我的意思是，'出尔反尔'不是个好词，不过，我喜欢改变主意！"这种态度与许多投资者不愿意抛弃旧观念形成了鲜明的对照。无法处理挑战自尊心的信息，是许多投资者未能获得市场回报的一大原因。

世界总是在发生变化，但我们的观念通常不会随之改变。即使我们看到了不支持旧观念的证据，偏离最初的感受对大多数人来说也太痛苦了。这种思维深深植根于我们的基因中，以至于学界用一个专门术语描述这种自然的精神障碍，即认知失调（cognitive dissonance）。例如，当你问任何人是否有能力预测未来时，他们可能会以异样的眼光看着你说："你是在问我是否有水晶球吗？不，我没有。"那么，换个问题，你选股吗？你是否经常买卖它们？你预期它们未来的价格会更高或更低呢？这些人说他们无法预测未来，但他们口是心非，言行不一。

投资者积极寻找和利用的，是能佐证他们当前所持观点的信息。但这种行为并不局限于普通投资者。事实上，你的经验越丰富，你就越自信，你就越不可能接受自己犯错的事实，即使股价下跌了50%，证明你当初的预测确实错了，你也不愿意接受事实。

人是喜欢讲故事的社交动物，没有什么比投资更能提供故事素材了。股票市场为我们提供了数千家可供选择投资的公司。在石油服务、杂货店、运输、人工智能、制药、休闲、零售、设备制造商以及其他领域，都有上市企业。股价每天都在变化，为投资者提供了无尽的选择。

富达的一项研究表明，在社交环境中，人们更喜欢分享自己成功的经历，不愿意提及失败的经历。59%的人会与朋友和家人分享他们赚了钱的交易；只有52%的人分享了他们亏损的交易。人们非常喜欢分享他们在金融领域的奋斗经历，以至于在1998年的某个时候，有40万美国人参加了一个投资俱乐部。这些人偶尔会聚在一起，谈论自上次聚会以来他们买入的价格翻了倍的股票、获得新药许可的小型生物技术公司或者刚刚宣布盈利超出了预期的科技公司。但自那以后，聚在一起聊天的人数逐年减少，到2012年时，参加聚会的人不到最初的10%了。

人们为什么不再喜欢聚在一起讨论他们青睐的公司了呢？原因可能在于股市的低迷表现。两次幅度高达50%的大跌会击垮最热衷讲故事的投资者。但也许还有另一个原因，那就是，只倾听别人的想法很难成为更优秀的投资者。更糟糕的是，一旦分享了自己的投资见解后，当市场走势往不利的方向发展时，即使是最理性且谦逊的投资者，其热情也会被浇灭。

股市里的大部分涨幅来自龙头股。事实上，大多数股票的表现非常糟糕。在美国，每7只普通股中就有4只表现不如1个月期的美国国债。因为有太多表现糟糕的股票，随着时间的推移，你会发现，你的业绩平平，没有表现出比其他人更优秀的选股能力。一次又一次的错误会让人精神疲惫，尤其是在涉及金钱这样的个人事务时。投资者若能将个人财务状况保密，行事低调不张扬，那么其财务状况会好很多。我们可以从一位风格与此完全相反的人身上吸取很多教训，他就是有史以来最直言不讳、最喜欢在公开场合谈论自己投资状况的比尔·阿克曼（Bill Ackman）。

1993年，年仅26岁的比尔·阿克曼开始涉足对冲基金业。他和哈佛商学院的同学大卫·伯科维茨（David Berkowitz）一道，利用几位投资者提供的300万美元资金创办了哥谭合伙人公司（Gotham Partners）。他们很早就通过运用经典的老派价值投资法取得了不俗的业绩。他们以较低的价格收购价值遭低估的公司，到了2000年，他们最初的300万美元增加为5.68亿美元。但他们像许多成功的投资者一样，也遇到了麻烦，因为他们偏离了他们赖以成功的原则。阿克曼的自信导致他做出了一些无论以何种客观标准衡量都不算明智的投资：他买入了一些不受市场欢迎的公司的股票。《纽约时报》解释说："对哥谭合伙人公司近年来的投资活动进行的调查显示，该公司做出了一系列不合时宜的押注，令人惊讶的是，其投资缺乏多元化，并且危险地集中于流动性弱的股票。当投资者想要赎回资金时，这些股票不容易被卖出。"因此，到了2002年底，他们对外宣布，他们打算关闭该公司。与其说这是他们自行做出的决定，不如说这是因投资者纷纷赎回资金，他们迫不得已做出的决定。

比尔·阿克曼不会让一只破产的对冲基金拖慢他前进的步伐。他是对冲基金业有史以来最具竞争力的投资者之一。他在高中读书时，就一直在挑战自我。他曾经和父亲打赌，说他学术评估测试（SAT）的批判性阅读部分会得满分，赌注是2000美元。就在参加考试之前，他的父亲确信儿子不可能实现目标，先行退出了协议，这使阿克曼免于遭受2000美元的损失。他的批判性阅读测试成绩为780分，"词汇错了1道题，数学错了3道，"他沉思道，"不过，我仍然认为有些题本身就是错的。"

在关闭哥谭合伙人公司后，阿克曼决定重整旗鼓，东山再起。2004年1月，他成立了一家新基金公司，即潘兴广场资本管理公司（Pershing Square Capital Management）。他以自己的1000万美元作为启动资金，还从一位投资者那里筹集到了5000万美元，并于2005年向外部投资者开放了该基金的申购。之后大量资金涌入，他的基金共吸纳了约2.2亿美元。

焕然一新的阿克曼不再进行被动投资了。低价收购公司、不计后果的日子一去不复返了。比尔·阿克曼像一只凤凰从哥谭合伙人公司的灰烬中涅槃重生了，他成了那个时代最激进的投资者之一。激进投资者一般会收购公司足够多的股份，以便在公司实施变革。他们试图说服管理层更好地维护股东利益，这是提升股价的密码。如果没有成功说服管理层，他们可以争取董事会席位，从内部实施变革。

激进投资者是一群很自信的人。购买并持有公司股份是一回事，把自己的意志强加给管理团队、告诉他们该如何经营则完全是另一回事。这个领域的赌注相当高，但一旦成功，获得的回报也是巨大的。例如，温蒂汉堡公司（Wendy）是阿克曼在潘兴的首批投资目标之一，他持有该公司10%的股份，他们同意将该公司旗下的蒂姆·霍顿（Tim Hortons）品牌剥离。从2005年4月到2006年3月，温蒂的股票上涨了55%。

2005年，阿克曼盯上了麦当劳（McDonald's），他向该公司管理层提议，剥离低利润业务。他买入了该公司6200万股的股票和期权，如果他行权的话，他的股份价值将达到20亿美元，这是对冲基金业有史以来规模最大的交易。麦当劳的管理层有不同的想法，他们说："这项提议涉及复杂的金融工程，没有考虑到麦当劳独特的商业模式。"阿克曼说："我们的意图是改变他们的意图。"阿克曼是个不达目的绝不罢休的人，他说："我是你们见过的最执着的人。"

其他被阿克曼盯上的公司包括：姆比亚股份有限公司（MBIA Inc.）、塔吉特（Target）、西尔斯（Sears）、威朗（Valeant）和杰西潘尼（J. C. Penney）。说到投资人和其投资的公司之间的恩怨纠葛，最难解难分的就属比尔·阿克曼和康宝莱公司了。如果你上网搜索"比尔·阿克曼和康宝莱"（Bill Ackman Herbalife）这几个字，你会看到180,000个结果。阿克曼与这家多层次营销公司的传奇之战已在《纽约时报》和《华尔街日报》（*the Wall Street Journal*）上出现了几十次，《财富》、《纽约客》（*the New Yorker*）和《名利场》（*Vanity Fair*）也都刊载过相关的报道。

乔·诺塞拉（Joe Nocera）在《纽约时报》上发表的文章描述了阿克曼与姆比亚股份有限公司旷日持久的斗争：

> 单纯从执着程度来看，他所做的其他任何事情都无法与他狙击姆比亚股份有限公司相比。阿克曼先生紧咬着这家曾经名不见经传的控股公司不放，事实上，我从未见过哪位基金经理像他这样紧咬着一家公司不放的。值得一提的是，这家公司的主要子公司姆比亚保险（MBIA Insurance）是美国最大的债券保险公司。

7年后的事实证明，阿克曼的判断是正确的，他也因此获利14亿美元。但他与姆比亚公司的缠斗只不过是他与康宝莱大战的热身。

顾名思义，激进投资者的信息是公开的，因为一旦你买入了一家公司5%的股份，你就必须向美国证券交易委员会提交“13D表格”（旨在提供对公司重要股东持有情况的透明度）。不过，投资者可以不披露空头头寸，以前也从未有人披露过，但阿克曼选择了披露。

康宝莱公司总部位于洛杉矶，主要业务是销售减肥产品和营养补充剂。该公司有37年的历史，而且业务遍及90个国家。1980年，即康宝莱成立当年，其销售额为23,000美元，到了1984年，其销售额增长为5亿美元，到1996年增长为10亿美元。在阿克曼做空该公司股票的前一年，其销售额为54亿美元，其CEO的薪酬也是美国CEO中最高的。

2012年12月20日，500人聚集在一起观看了阿克曼发表的演讲“谁想成为百万富翁？”（Who Wants to Be a Millionaire？）。他在此次演讲中指责康宝莱是一个传销组织，而且他表示，他将把从该公司赚到的所有利润——他称之为“血钱”（黑心钱），捐给慈善机构。

阿克曼在演讲中指出，康宝莱的市值比劲量控股（Energizer Holdings）、高乐氏（The Clorox Company）以及丘奇&德怀特（Church and Dwight）的还要高。这些消费品公司旗下拥有艾禾美（Arm & Hammer）小苏打、特洛伊（Trojan）安全套、劲量（Energizer）电池、艾丽姿（Edge）剃须凝胶、高乐氏消毒湿巾以及其他家用产品。阿克曼提出了一个尖锐的问题：“有人购买过康宝莱的产品吗？”

这些公司之间的一个关键区别是它们的毛利润率，即去除销售成本后的利润率。这3家传统公司的毛利润率在42%到46%之间，而康宝莱的竟高达80%。

阿克曼用另一张幻灯片展示了康宝莱最畅销的产品——1号配方奶昔（Formula 1），并称它是“一个价值20亿美元但没有人听说过的品牌”。他展示了这种奶昔的照片，并把它与其他产品做了比较，包括奥利奥（Oreos）、查明（Charmin）、佳洁士（Crest）、嘉宝（Gerber）、棕榄（Palmolive）、贝蒂妙厨（Betty Crocker）、李施德林（Listerine）和高乐氏。1号配方是一种奶昔，但它与健安喜（GNC）、联合利华（Unilever）和雅培（Abbot Labs）生产的竞争性产品不同，它是一种粉末产品，它甚至不是即饮奶昔。

康宝莱的粉末产品销量是竞争对手的10到20倍，但它没有商店，是通过其他渠道销售的，这是阿克曼的核心论据。他认为康宝莱在搞传销。康宝莱不是在向消费者销售产品，而是在向经销商销售产品，经销商可以向消费者销售商品，也可以不销售。“我们调查了皇后区的10个俱乐部，计算后发现，每个俱乐部每年平均亏损12,000美元。”接着他分享了一段经销商的视频，指出“让公司赚钱的不是奶昔的销售，而是全球成千上万的经销商”。

阿克曼接着问道：“康宝莱的营养粉销量怎么可能是雅培、联合利华和健安喜加起来的6倍呢？莫非它售价比较便宜……？”

不，它的价格比第二贵的同类商品高65%（每200卡路里）。现在你明白是怎么回事了吧？他持续讲了几个小时，展示了数百张幻灯片。他谈及了产品科学、专利、研发，谈到了他阅读的公司年报和美国证券交易委员会的文件。他显然做足了功课，准备得十分充分。正如温斯顿·丘吉尔（Winston Churchill）所说的那样，没有一块肉排是生的。

他在3个小时的演讲里展示了334张幻灯片，这是他与康宝莱多年缠斗中的最新举动。2012年，他在接受美国消费者新闻与商业频道（CNBC）采访时说：

> 全世界有数以百万计的低收入人口，他们满怀希望地认为，自己有机会成为百万富翁、十万富翁或诸如此类的人，但他们被骗了。我们只是想把真相揭露出来。如果经销商知道年赚9.5万美元（他们认为可进入百万富翁行列的年收入额）的概率只有1%的零头，他们就不会参与了。我们只是揭露了这个事实。该公司想方设法向公众隐瞒这一点。

他后来在接受彭博社（Bloomberg）采访时说：“这是我对投资的最坚定的信念。”多年以后，他仍在继续攻击该公司。在接受美国有线电视新闻网（CNN）采访时，他多次声称该公司是个传销组织。

比尔·阿克曼的这些言论也让自己走上了一条不归路。他告诉了所有人，这是一家即将走向灭亡的传销组织，他怎么能承认自己的失败呢？如果他没有成功，谁还会再向他投资呢？

在他演讲后的3天里，康宝莱的股价下跌了35%。这只股票被大量抛售，这为他最大的竞争对手提供了介入的机会。

1月9日，对冲基金第三点有限责任公司（Third Point LLC）的创始人丹·勒布（Dan Loeb）向美国证券交易委员会提交了申报资料，披露他持有890万股康宝莱股票，即8.24%的股份，成为该公司的第二大股东。勒布给他的投资者们写了一封信，说他持有的大部分康宝莱股票是在"空头提出严厉指控后出现恐慌性抛售时"买入的。在勒布提交申报资料后的5天时间里，康宝莱的股价上涨了20%。一周后，《华尔街日报》报道称，亿万富翁、激进投资者卡尔·伊坎（Carl Icahn）也买入了康宝莱的股票，一个月后，他向美国证券交易委员会提交的申报资料披露，他持有了该公司12.98%的股份。

卡尔·伊坎和丹·勒布之所以能与比尔·阿克曼展开激烈的多空对决，全是因为阿克曼对康宝莱公司紧咬不放，喋喋不休。我们无法确定，勒布和伊坎是否真的认为康宝莱是一家优秀的企业、其股票遭到了低估。事实上，这一点无关紧要。重要的是，比尔·阿克曼公开承认，他会一直做空这家公司的股票，这等于是为其他投资者树立了一个又大又圆的靶心。仅靠阿克曼可能遭逼空这一点就足以推高康宝莱的股价了。逼空是指，卖出借入股票的投资者，在价格大幅上涨时被迫平仓，这是做空股票时面临的一大危险。从理论上讲，股价的上行空间是无限大的。

康宝莱的股价在阿克曼首次演讲后的几天内便跌至24.24美元的低点，此后再也没有低于这个价位。自2012年以来，该股曾有50次的单日涨幅达到了5%。目前这只股票的价格为71.70美元，比阿克曼第一次做空时的价格高出了70%。

成功投资的关键是低调行事，在事后得到人们的认同，尤其是逆向投资者，更要如此。公开高调地谈论自己的投资状况，无论你是在经营对冲基金还是自己的经纪账户，都会使你处于更加困难的境地。管理自己的情绪已经够难了，应对他人的情绪和压力就更难了。

当我们谈论自己的投资时，我们常常会忘记我们投资的初心是赚钱。外界的压力会对我们产生影响。阿克曼不需要钱。如果只有他的投资者知道他的持仓状况，那么他很容易承认错误，平仓止损，然后继续前行。但显然，他宁愿维护自己的声誉，也不愿保护投资者的资金。

获得很高的公众评价是非常有利可图的，除能为现有的客户群获得收益之外，在对冲基金界，没有什么比成功更能吸引资金流入了。从宣扬成功这一点来看，没有人能与比尔·阿克曼相媲美。

比尔·阿克曼曾经说过："当我认为自己正确时，我可以成为美国最不屈不挠、最坚持不懈的人。"在一次演讲中，他分享了一张幻灯片，上面写着："为什么传销是非法行为？据说传销在本质上是欺诈性行为，因为传销骗局最终必定崩盘。"也许康宝莱是一个传销组织，也许传销骗局最终会崩盘，但即使事实果真如此，阿克曼仍然会做空这只股票吗？盯着拟做空的股票需要付出大量的心理和情感成本，除此之外，借入股票还要承担实际的财务成本。你可能会认为，到了某个时候，无论阿克曼对康宝莱的指控多么令人信服，他的投资者都会认输。

2016年7月25日，联邦贸易委员会（the Federal Trade Commission）对康宝莱提出了不公平、虚假和欺骗性商业行为等4项指控。康宝莱支付了2亿美元罚款，并表示将"全面重组业务"。康宝莱CEO声称，这一和解表明联邦贸易委员会"承认我们的商业模式没问题"。一年后，该公司的股价上涨了11%。

2016年，在奈飞（Netflix）推出的纪录片《零股价》（*Betting On Zero*）中，公关策略师乔恩·西尔万（Jon Silvan）说："我们听完了4个小时的演讲，非常精彩，有观众看到康宝莱的股价上涨了。你对此会做出什么回应？"阿克曼说："这无关紧要，它不会上涨。"他不承认康宝莱的股价上涨，不承认他的做空策略失败了。康宝莱的股价当天上涨了25%。阿克曼依然还在做空这只股票……

CHAPTER 10

第10章

斯坦利·德鲁肯米勒

吃一堑，长一智

> 在赢家的游戏中，结果由赢家的正确行为决定。在输家的游戏中，结果由输家犯下的错误决定。
>
> ——查理·埃利斯

这句话出自查理·埃利斯于1998年出版的经典大作《赢得输家的游戏》（*Winning the Loser's Game*）一书。换句话说，职业选手得分，业余选手丢分。“职业网球运动员在漫长而激动人心的对打过程中，以激光般的精准度用力击球，直到一名球员把球打到对手够不着的地方或迫使对手犯错。”他把专业比赛与业余比赛进行了对比。业余比赛充满了失误、失球和其他错误，没有高技术的击球和拦截。业余选手和职业选手在赛场上的比拼与业余投资者和专业投资者在市场上的博弈有诸多相似之处。

业余投资者一般在股票价格上涨后买入，在股票价格下跌后卖出。卡伦·洛奇（Cullen Roche）说：“股市是唯一一个在商品打折出售时，所有顾客都会跑出商店的市场。”这种行为，这种在受伤后想要寻找避难所的心态，不仅会使投资者无法跑赢大盘，甚至跑不赢他们的投资。投资回报和投资者回报之间的差距被称为行为差距，它是人类交易市场的一个永恒特征。行为差距之所以存在，是因为数百万人的集体行为会扰乱我们的感官。恐惧和贪欲在受到攻击时不会做出良好的反应。市场本身就因强加非受迫性失误而臭名昭著。

行为差距是普遍存在的现象，因为业余投资者会被平均数字所欺骗。他们接触的大量信息和文献暗示他们，他们可以或应该期望得到平均回报，他们会错误地把平均回报视为期望回报。我们经常听到“股票的年回报率通常在8%—10%”。好吧，几十年后，你可以说它们的年均复合增长率在8%—10%，但道琼斯指数的增长率上一次在8%—10%，已是1952年的事了。你期望的市场表现与它实际的表现之间存在很大的差距，这正是非受迫性失误潜伏的地方。

股价的波动区间往往很大，大部分时间处于区间边缘，小部分时间接近平均水平，这往往给投资者带来极大的挫败感。正是由于飘忽不定的股价走势，钱从业余投资者口袋里转移到了专业人士的口袋里。

一方面，美国股市每年有13次涨幅达到30%。当这么大的涨幅出现时，你会经受不住诱惑，想和你的朋友及家人比一比。当你把自己的投资组合与其他人的做比较时，坏事往往会发生，尤其是当他们的智商不如你，但获得的收益却比你高时。另一方面，同样危险的是，美国股市有7年的跌幅至少为30%。跌幅大的那几年对投资者的长期财富积累造成了巨大的伤害，因为人们往往会在风险侵蚀他们的投资组合后逃离风险，这就像在飓风掀翻你家屋顶后，你才购买房屋保险一样。

业余投资者最有可能在市场顶部和底部出现非受迫性失误，因为当情绪达到极度乐观或极度悲观时，谎言会传遍流行文化的每个角落。当股价暴跌和出现逆转时，谎言会显得如此令人信服，以至于不做出改变几乎成了不负责任的标志。

卓越投资者的行事方式与其他人的不同。他们买入别人不想要的股票，卖出别人渴求的股票。他们非常熟悉买股票和赛马之间的相似之处。迈克尔·莫布森说："基本的考虑因素是马跑得有多快，预期就是可能性。"这就是霍华德·马克斯（Howard Marks）所说的第二层次思维（second-level thinking），我们大多数人没有注意到这一点。普通投资者认为，是好公司造就了好股票，但他们没有考虑到，大多数投资者持类似的观点。也许，思维相同的投资者已经把一家优秀公司的股价推升到了过高的水平，到了足以与卓越公司的股价相媲美的程度，这使得其股票看起来不及最初那么值得投资了。

在2015年的一次大会上，主持人把有史以来最成功的一位投资者介绍给了在场的观众。主持人为了突出他的成就是多么辉煌，专门把他的业绩与沃伦·巴菲特的做了对比。

> 沃伦·巴菲特可能是投资者的典型代表，在过去的30年里，他的年均复

合收益率略低于20%，也就是说，他在30年前投资的1000美元变成了今天的17.7万美元；在这30年里，有24年盈利，有6年亏损……在这6年中，有3年的亏损幅度超过了20%。我们今晚的演讲人，把30年前的1000美元变成了今天的260万美元……而且在这30年里，他没有一年亏损过。

这位投资者就是斯坦利·德鲁肯米勒（Stanley Druckenmiller）。

斯坦利·德鲁肯米勒因接替乔治·索罗斯执掌的量子基金（Quantum Fund）10多年而闻名天下，他是有史以来最优秀的全球宏观投资者之一。他的业务涉及估量经济的巨大变化，并弄清楚它们将如何影响股票、债券和货币在全球范围内的流动。一位同事说："德鲁肯米勒比经济学家更了解股市，比选股人更了解经济。"这是很独特的能力组合，另外，他对风险管理也颇为关注，这些优势足以使他把竞争对手打得落花流水。30年来，他一直在玩赢家的游戏："当你有了积极进取的权利时，你就应该积极进取。这是我信奉的理念，索罗斯先生让我更加坚信了这一理念。在你开始获得丰厚收益的那几年里，你就应该追求丰厚的收益。"

据报道，将传统投资智慧扔进垃圾桶的德鲁肯米勒，在长达30年的时间里，每年获得的收益率高达30%：

当我进入这个行业时，我听到的第一件事是多头能赚到钱，空头能赚到钱，但猪头会死得很惨。这不是从我导师那里听到的。我在这里告诉你，我就是猪头。我坚信，在我们这一行获得长期回报的唯一方法就是做猪头。

这位优秀的投资人靠做猪头赚取了数十亿美元，我们可以从他身上学到的最重要的教训是，即使是赢家有时也会玩输家的游戏。

德鲁肯米勒仅在商学院待了一个学期就辍学了，随后他在匹兹堡国民银行（Pittsburgh National Bank）开启了自己的职业生涯。当时他23岁，是同期进入该银行工作的9个人当中最年轻的一个。1978年，在进入该银行不到两年后，他被擢升为股票研究总监。当时谁也不清楚他将来是否会成为有史以来最出色的基金经理。老板之所以选择他，正是因为他年纪轻轻、历史清白。他问老板，为什么没有选择那些经验比他丰富的同龄人。老板回答说："这就跟把18岁的人送上战场一样，你年轻没经验，又没有历史包袱。自1968年以来，我们这里一直处于熊市，我预计长期的大牛市即将到来。我们都为过去所累，始终无法抹去内心的伤痕。我们无法‘扣动扳机’，做出改变。因此，我需要一个年轻气盛、缺乏经验的人做领头羊，带领我们冲锋陷阵。”如老板所说，德鲁肯米勒确实带头冲锋陷阵了，缺乏经验确实是他的一大优势。“当伊朗国王沙阿（Shah）[①]被废黜时，我决定把70%的资金投资于石油股，将其余的资金投资于国防股。当时，我还不懂什么叫投资多元化。”

几年后，德鲁肯米勒在一次会议上发表了一次演讲。演讲结束时，一位观众走到他面前说：“你竟然在银行工作！你在银行干什么呢？我每月付你一万美元，你来跟我交流想法吧！”

1981年2月，年仅28岁的德鲁肯米勒离开了匹兹堡国民银行，成立了杜肯资本管理公司（Duquesne Capital Management）。他一开始管理着100万美元的资金，并赶上了当年小盘股的上涨。在1981年的前5个月里，罗素2000指数上涨了14.92%，但标准普尔500指数下跌了0.23%。在罗素2000指数大幅上涨后，他开始看空股市，到了第三季度，尽管他的投资组合中有一半是现金，他仍然亏损了12%。这导致他改变了投资策略。他不断地改进投资策略，玩赢家的游戏。

我听过的最有趣的投资故事就与德鲁肯米勒有关。1987年上半年，当股票直线上涨时，他对股市的看法非常乐观。在当年前4个月里，道琼斯工业平均指数33次创下新高，到了8月，该指数上涨了45%，站上了高点。在经历如此急速的大幅上涨之后，德鲁肯米勒在夏天转变了看法，开始看跌股市。果不其然，股市从8月的高点回落了17%。德鲁肯米勒认为大盘会在2200点处得到支撑，于是在10月16日从净空头转变为了净多头，持仓130%。如果你熟悉“黑色星期一”[②]事件的话，那么你就知道，股市在2200点并没有得到支撑。

---

① 穆罕默德·礼萨·巴列维（1919—1980），伊朗末代国王，1979年被伊朗伊斯兰革命推翻，逃往埃及，后病逝于开罗。——译者注

② 1987年10月19日（星期一），全球股市在纽约道琼斯公司工业平均指数带头暴跌下全面下挫，引发了全球金融市场恐慌。——译者注

星期五道琼斯指数报收于2246点，下星期一报收于1738点，当日跌幅高达22.6%，是美国股市有史以来跌幅最大的一天。股市开盘即出现暴跌，随后反弹，到午餐时间，德鲁肯米勒抛掉了所有股票，开始做空。之后他平掉了仓位，股市在之后的两天内出现了强劲反弹，他又再次做空。当星期四上午股市暴跌时，他在24小时之内盈利25%。在美国股市进入历史上最糟糕的一天时，他仍然持有130%的净多头仓位，而且直到1987年10月他仍然盈利。他玩游戏的水平，鲜有人能企及。

1987年，德雷福斯公司（Dreyfus）聘任了才华出众的德鲁肯米勒，而且还允许他继续管理杜肯基金。起初他为德雷福斯公司管理战略激进投资基金（Strategic Aggressive Investing Fund），从1987年3月基金成立到1988年他离职，该基金的表现一直是业内最出色的。他很快就为德雷福斯管理了7只不同的基金，后来他辞职去追求梦想的工作，进入了乔治·索罗斯的公司。

德鲁肯米勒凭自己的实力走向了卓越，但与这位偶像级投资者合作最终奠定了他的传奇地位。他在1989年上任后不久，就做空了日本股市，他称这是“我见过的风险/回报最好的交易”。近30年后，日经指数仍然比1989年的峰值低50%，事实证明，德鲁肯米勒的决策非常有先见之明。

1992年8月，德鲁肯米勒打算做空英镑。当时，量子基金管理着70亿美元的资产，在导师索罗斯的启发下，他打算卖出55亿美元的英镑，之后买入德国马克。将几乎全部资金投资于一笔似乎风险很高的交易，但德鲁肯米勒已经做了深入的计算，他相信自己胜券在握。在采取行动之前，他决定把自己的想法告诉索罗斯。当他向索罗斯描述投资计划时，后者脸上露出了痛苦的表情。就在德鲁肯米勒开始对自己的计划感到怀疑时，索罗斯说：“这是我听过的最荒谬的资金管理方式。你所描述的交易是极好的单向押注。我们应该在这笔交易中押注200%的净资产，而不是100%。”

德鲁肯米勒和索罗斯投入了200%的资金做空英镑。英格兰银行花费了270亿美元来保护英镑，但它无法承受量子基金和其他基金猛烈的抛售攻势。当堤坝崩塌，英镑暴跌时，德鲁肯米勒和索罗斯赚了10亿美元。

德鲁肯米勒1989年的收益率为31.5%，在随后的4年里，他的收益率分别为29.6%、53.4%、68.8%和63.2%。他创造了有史以来最辉煌的投资纪录，赚得盆满钵满，但他也没有点石成金之术，做不到次次盈利。好马也有失蹄之时，每个人迟早都会出现失误。

每个宏观投资者都会在职业生涯的某个时刻做出大错特错的决策。1994年，德鲁肯米勒将目光转向人民币，押注金额几乎与两年前他做空英镑的一样多。但当人民币兑美元汇率上涨7%时，他在短短两天内损失了6.5亿美元。宏观交易者都遭受了重创，保罗·都铎·琼斯、布鲁士·科夫纳（Bruce Kovner）和路易斯·贝肯（Louis Bacon）都卷入了此次多空大战。高盛经历了10年以来业绩最为糟糕的一年。量子基金在1994年的收益率仅为4%，比道琼斯指数和标准普尔500指数的表现都要好（当年道琼斯指数上涨了2%，标普指数下跌了1.5%），但4%的收益率远低于他和他的投资者习以为常的水平。

1998年，量子基金在俄罗斯损失了20亿美元，但这并没有对他的职业生涯，甚至没有对他当年的业绩产生大的影响。当年量子基金的收益率仍然高达12.4%，没有像同样在俄罗斯市场折戟沉沙的长期资本管理公司那样，最终落得个倒闭的下场。

但仅仅一年后，德鲁肯米勒就又遭遇了惨败，原因不在于他误解了美国央行的行为，也不在于他误解了债券市场发出的讯号。这一次，他和许多业余投资者一样，出现了非受迫性失误。他不仅未能精准地击球入网，还把球打到了另一个球场上。

1999年，德鲁肯米勒投入2亿美元押注“估值过高”的互联网股票。他押注这些股票的价格会回落，但在短短几周内，这些股票的价格又上涨了。这些早期的押注致使基金亏损了6亿美元，到了5月，基金亏损了18%。德鲁肯米勒与市场脱节了，当月，他效仿20年前他的老板的做法，雇用了一名年轻的交易员。他参加了在爱达荷州太阳谷举行的年度媒体和技术大会，所有的大人物都参加了这次会议。在喝了酷爱（Kool Aid）饮料、回到办公室后，他给了新聘用的交易员更多的资金，并请来了第二位运用新投资方式的交易员。这些资金被投资于“这些我连它们的名字都不知道如何拼写的放射性（东西）上”。在两位交易员的操作下，量子基金扭亏为盈，全年盈利35%。

一位依靠判断流动性和经济风向在金融市场上纵横驰骋了20年的投资者，没有理由投资于他不了解的技术。他也知道这一点，因此很快就对持仓感到不安，于是他及时收手，将收益落袋为安后安然离场，回到了他熟悉的全球宏观投资领域。他看好新创建的货币欧元，但欧元的走势与他判断的背道而驰。雪上加霜的是，他眼睁睁地看着自己卖出的科技股继续飙升，他的那两名新员工赚得盆满钵满。德鲁肯米勒的傲慢抑制了他对科技泡沫的恐惧。他不想被这些年轻的新交易员抢了风头，所以又把资金转回到了科技领域。

在科技泡沫破裂之前，德鲁肯米勒告诉《华尔街日报》的记者说：“我不喜欢这个市场。我认为我们应该减仓，我不想像斯坦哈特那样黯然离场。”但他没有减仓，事实上，他还加了仓。他以50美元的价格买入了威瑞信（VeriSign）股票，以每股240美元的价格将赌注翻倍，达到6亿美元。随着科技板块开始动荡，威瑞信的股价跌至135美元，索罗斯希望量子基金减持其股份，但德鲁肯米勒想持有到底。他坚信威瑞信的股价将保持稳定，不会受科技泡沫的影响。

3月10日，纳斯达克指数达到峰值，仅仅25天后，即到了4月14日，该指数暴跌了34%。威瑞信股票与其他陷入困境的科技股没什么两样。当泡沫破裂时，它的价值仅为峰值时的1.5%。德鲁肯米勒在4月底的一次新闻发布会上说：“要是能像迈克尔·乔丹那样成为顶尖高手就太好了，但我做得有点过火了。”量子基金当年亏损了21%，索罗斯基金管理公司（Soros Fund Management）的资产比1998年8月220亿美元的峰值减少了76亿美元。

尽管德鲁肯米勒创造了最令人印象深刻的长期业绩纪录，但他仍然保持着谦逊、乐观的风格。在2017年召开的艾拉·索恩（Ira Sohn）投资研究会议上，他说：“去年，我认为你应该远离股市，买入黄金。我今天来是为了引导大家而不是做演讲，原因就在于此。”

糟糕的投资和非受迫性失误之间存在很大的区别。你的观点是错误的，或者你的想法已经在价格中得到了反映，这些都是游戏的一部分。但很多时候，即使我们“知道”自己所做的是错误的，我们也会冲动行事。很少有人能避免非受迫性失误，主要是因为，我们忍受不了别人赚到了钱，而我们没有。芒格曾经说过：

> 在意别人赚钱比你快，这是一种致命的罪过。嫉妒是一种非常愚蠢的罪过，因为它是唯一一种你永远不会从中得到任何乐趣的罪过。你会承受很多痛苦，却享受不到乐趣。你为什么要那样做呢？

德鲁肯米勒就那样做了。当一群刚入行的新秀获得巨额回报时，他忍受不了量子基金赚不到大钱的事实。将大量资金投资于科技股的公司当年获得了50%的收益率，而量子基金的收益率仅为个位数。

德鲁肯米勒非常清楚自己在做什么，但他就是停不下来。“我买入了价值60亿美元的科技股，在短短6周内，我就损失了30亿美元。你问我学到了什么。我什么都没学到。我早就知道我不应该这么做，但当时在情绪的影响下，我无法控制自己。所以我从中得到的教训是，以后不要再这么做了，可我早就知道这一点了。”

也许我们需要让这样的事情偶尔发生一次。正所谓吃一堑，长一智，有些道理是教不会的，只有吃过苦头才能长记性。即使我们从中没有学到新东西，长点记性也是有好处的。

CHAPTER 11

第11章

红杉基金

集中投资风险大

你一生选定的6只股票的表现，比你选定的其他股票的表现都要好。

——比尔·鲁安（Bill Ruane）

“聪明人总是会未雨绸缪，他们不会把鸡蛋放在一个篮子里。”这一至理名言出自400多年前米格尔·德·塞万提斯（Miguel de Cervantes）所著的《堂吉诃德》（*Don Quixote*）一书。分散押注是明智的风险管理方式，也是个常识。持有100只股票承担的非系统性风险（idiosyncratic risk）比持有10只股票的小。如果你持有100只股票，每只股票的权重相等，那么当其中一只股票的价值变为零，而其他所有股票的价值保持不变时，你的损失只有1%。如果你持有10只股票，每只股票的权重相同，那么当其中一只股票的价值变为零，而其他所有股票的价值保持不变时，你的损失高达10%。

假设有一个多元化的美股投资组合，年收益率按8%计算，其资产翻倍需要9年的时间。如果你一开始就资金实力雄厚，得到这样的结果当然很不错，但年收益率为8%的人不会在40岁时选择退休。按照8%的收益率计算，1000美元增值为100万美元需要91年的时间。投资多元化是金融领域最基本的原则之一，也是现代投资组合理论的核心。你心里有一份最佳股票名单，但你为什么要在排名第20的股票上投资与排名第一的股票相同的金额呢？

金融界有句古老的格言，即“集中投资能致富，多元投资可守财”。如果你能找到一个超级组合并坚持持有，你就可以在股市中积累起巨额财富。1962年沃伦·巴菲特得到伯克希尔·哈撒韦公司的控股权时，其市值约为2200万美元。伯克希尔·哈撒韦公司的股价在一年内有10次涨幅达到了50%或以上，在53年的时间里，其股价的年均复合涨幅接近21%，今天该公司的市值高达4500亿美元。巴菲特没有通过分散押注于100只股票而成为世界上最富有的人。

伯克希尔是罕见的股票群体中的一员，这组股票贡献了市场的大部分长期回报。股市总回报率的分布严重向这些能赚钱的龙头股偏斜。市场的全部涨幅都来自排名前1000的股票，发行这些股票的公司占1926年以来上市公司总数的4%。埃克森美孚（Exxon Mobil）、苹果、微软、通用电气和IBM各自为股东创造了5万多亿美元的财富。寻找这些可能改变人生的股票每天都激励着数百万市场参与者，但是，有伯克希尔·哈撒韦公司就有西尔斯控股公司（Sears Holdings），有IBM公司就有GoPro公司[①]。"集中投资能致富"这句话没有错，但它并非明智的理财建议。虽然事后来看，能带来巨额回报的股票是显而易见的，但在现实生活中，找到并持有它们比打出时速为160公里的快球还要难。专注于任何一个超级组合，你都会成为传奇，但专注于少数亏损股，你就会破产。了解了这些，你会觉得多元化投资是明智的选择。

漫不经心的投资者通常不会持有集中的投资组合。没有多少朝九晚五的上班族有时间专门研究和监测这类投资组合，但如果你是其中的一员，就算你已做了必要的准备，有信心持有大规模的集中投资组合，你也要注意很多风险。首先也是最明显的是，你有可能完全错了。在可能出现的错误里，这也许只是冰山一角。

如果你投入几十甚至几百个小时去研究一家公司，你就会付出实实在在的沉没成本，而且这一成本可能巨大。你花在决策上的时间越多，你之后改变主意就越难。交易员以机关枪般的速度买卖股票则是另一回事。你买入了一只股票，但它不能让你盈利，你会抛掉它。但如果你是一位基础投资者，当首选股票的价格走势对你不利时，你更有可能加仓，而不是认为自己错失了其他良机。如果你喜欢价格为100美元的某只股票，当其价格降为90美元时，你会买入更多，当其价格降为80美元时，你会感谢市场之神给了你这么好的买入机会。但是，当这只股

① 美国运动相机厂商。——译者注

票的价格降至70美元、60美元和50美元时，你会做什么呢？这不仅仅是理论上的推断，这是意料之中的事情。然而，之前表现优秀、之后价格暴跌的股票不一定都能东山再起，我们只有在事后才能区分赚钱股和赔钱股。

投资者可以通过研究有史以来最成功的一只共同基金的历史来了解集中投资组合的风险，该基金能够区分赚钱股和赔钱股，而且在几十年的时间里利用精选股跑赢了市场，它就是红杉基金。

红杉基金由鲁安—坎尼夫＆葛法伯（Cunniff & Goldfarb）公司经营，自1970年以来，该公司长期运用的投资策略是，在广泛研究的基础上制定决策，力争跑赢标准普尔500指数。据《华盛顿邮报》报道，“红杉的分析师花10年时间调查一家公司，他们参加其年度会议，与数10名员工、经理、客户和供应商交谈，这样的事情并非闻所未闻”。你能想象花10年的时间研究一家你不持股的公司吗？如果你在观察它的时候，其股价上涨了500%怎么办？没有早点买入它，你怎么会不自责呢？怎么可能花10年时间研究一家公司，却不买入其股票呢？

红杉对短期利润或1%的头寸不感兴趣。他们希望长期持有股票，并获得高于大盘的可观收益。要用这种方法取得长期的成功，就需要对企业进行详尽的尽职调查。红杉控股的汽车零部件零售商奥莱利汽车（O'Reilly Automotive）就是一个范例。2004年，红杉收购奥莱利汽车公司时，该公司的股价为19.84美元。截至2017年底，尽管它的股价已经下跌了近40%，但仍然高达240美元。实现如此大的涨幅需要做出大量的规划。基金总监约翰·B. 哈里斯（John B. Harris）对奥莱利汽车公司进行了广泛的研究，包括实地考察其100家门店。该基金及其投资者并没有为近期奥莱利股价大跌导致的资金缩水难过，因为这只股票是大多数投资者罕见的10倍股。但红杉的深入研究并不总是能得到圆满的结果，在集中持仓的历史上，该基金是一场大灾难的前沿和中心。

鲁安—坎尼夫＆葛法伯公司的网站这样描述他们的战略：

> 在管理基金时，鲁安—坎尼夫遵循价值导向法，即通过以低于我们估计的内在价值的价格买入具有显著和持久竞争优势的优质企业股票，目的是在

长期内跑赢大盘。

这段文字看起来很像沃伦·巴菲特写的，这不是巧合，红杉的创立和发展与他有密切的关系。在1990—2010年，在红杉基金的投资组合中，伯克希尔·哈撒韦的股票占比最高，而且红杉基金本身就是因为巴菲特创立的。

1969年，沃伦·巴菲特决定关闭他的有限合伙企业。当时的他感觉到，市场价格已经远高于价值了，已经没有足够多的投资机会能提供他所寻求的安全边际了。但他不想让投资者在即将到来的惊涛骇浪中独自航行，因为他知道，鲨鱼会把他们拖下水。于是他钦点比尔·鲁安来管理他们的资金。正如他在《格雷厄姆-多德式的超级投资者》（*The Superinvestors of Graham-and-Doddsville*）这篇著名的文章中所写的：

> 当我关闭巴菲特合伙企业时，我问比尔是否有意成立一只基金来管理我们所有合伙人的资金，于是他成立了红杉基金。他成立该基金时，正值我退出之际，正是时局艰难的时候。他直接进入了双轨市场，面临着价值导向型投资者创造好业绩的所有困难。

股市在接下来的几年里表现不佳，价值股的表现更加糟糕，巴菲特早就预料到了这一切。红杉基金的开局并不顺利，前3年的表现都不如标准普尔500指数的。自1970年中成立到1973年底，其管理的资金缩水了15%。业绩如此糟糕，以至于比尔·鲁安和理查德·坎尼夫差点在1974年关闭了它。但他们没有这样做，在巴菲特的忠实追随者的帮助下，他们坚持了下来。

坚持投资该基金的早期投资者早已获得了丰厚的回报。47年来，红杉基金每年都能跑赢标准普尔500指数2.6个百分点。1970年7月投资的1万美元到今天增值为近400万美元，是买入和持有标准普尔500指数基金所获收益的3倍。

无论是价值投资、趋势投资还是其他策略，每一种不偏离其核心原则的投资策略，都会在很长一段时间内看起来很愚蠢，感觉上也很愚蠢。在网络泡沫时代，所有的价值投资者都损失惨重，包括鲁安—坎尼夫。1999年，红杉基金下跌了16.5%，标准普尔500指数上涨了21%，以科技股为主的纳斯达克综合指数则上涨了86%！当时红杉基金的投资组合非常集中，只有12只股票，其中37%为伯克希尔·哈撒韦公司的股票。当潮流转向，价值股重新得到重视时，坚守红杉的投资者得到了丰厚的回报。从2000年到2002年，该基金上涨了29%，而标准普尔500指数（总回报率）下跌了38%。红杉度过了艰难的时期，而且有所反弹，但它是否从最近的反弹中恢复了元气还有待观察。当价值投资者跟不上成长股驱动的市场潮流时，遭遇挫折是可以理解的，但红杉最近遭遇的挫折与当前的市场制度无关，那是它自己造成的。

红杉基金在2010年的年报中告诉投资者，他们正在做出改变，超级集中的投资组合已经成为历史。"红杉基金另一个渐进性的变化是持股数量增加。截至2010年底，基金持有34只股票，创下了历史新高。"但老派投资者积习难改，红杉基金很快就会恢复其集中投资策略。

具有讽刺意味的是，他们在同一份报告中指出，基金重仓持有了威朗制药公司（Valeant Pharmaceuticals）的股票。他们于2010年4月28日开始以16美元的价格买入这只股票，其价格当年上涨了70%。这只股票迅速成为该基金的第二大重仓股。2011年前3个月，这只股票的价格又上涨了76%，20年来伯克希尔·哈撒韦公司的股票在该基金的持仓中首次下滑到了第二位。那一年，得益于威朗制药公司的股价飙涨，红杉基金自2003年以来首次大幅跑赢了标准普尔500指数，领先幅度高达两位数。

该基金的业绩良好，投资者对它的需求非常强劲，这也导致它管理的资产比它首次买入威朗制药公司股票时增加了近两倍。该基金做了少数负责任的资本管理者所做的事情，不再接受新投资者的申购。（这样的事情不是首次发生，从1982年到2008年，该基金一直在这么做。）

红杉基金之前曾搭过巴菲特的顺风车，现在也想搭上威朗制药公司CEO麦克·皮尔森（Mike Pearson）的顺风车。红杉基金的掌舵者称麦克·皮尔森"能力非凡，以股东为中心……我们认为他非常适合经营一家本质上是医药产品价值投资者的企业"。

红杉基金将威朗制药公司描述为“一家研发投入不多的制药公司。虽然该公司研发投入不多，但它确实在销售人员身上投入了大量资金”。威朗制药公司没有在研发上投入太多资金，因为其商业模式不依赖于新药的创造，而是依赖于购买现有药物，然后提价出售。例如，2013年，威朗收购了梅迪西斯公司（Medicis），该公司生产治疗铅中毒患者的药物依地酸钠钙（calcium disodium versenate）。这种药物最初的成本只有950美元，但威朗的出售价为27,000美元。麦克·皮尔森当然是以股东为中心的，但他和沃伦·巴菲特的相似之处就这么多。谈到皮尔森，巴菲特说：“如果你正在寻找管理者，理想人选应该是聪明、有活力、有道德的人。但如果没有道德，即便是聪明、有活力的人，也不应该是你的理想人选。”

2015年9月，总统候选人希拉里·克林顿（Hillary Clinton）在其社交平台上发文称，“特效药市场上漫天要价的行为太过分了，明天我将制定方案应对这类问题”。在当日和随后的5个交易日里，威朗的股价下跌了31%。该公司因公众眼里不道德的商业行为受到了惩罚，但提高药品价格的做法在医疗保健行业并不罕见。真正让威朗制药公司遭受打击的是对它的欺诈指控。

2015年10月21日，香橼研究公司（Citron Research）发布了一份报告，指控威朗制药公司存在财务欺诈，并把它的行为与安然公司（Enron）的行为进行了比较。当天，威朗的股价暴跌了近40%，随后有所回升，到收盘时“仅”下跌了19%。由于重仓持有威朗的股票，当月红杉基金的表现逊于标准普尔500指数17.47%！（该基金资产缩水了9.03%，标准普尔500指数上涨了8.44%。）

随着威朗的股价从高点下跌了50%以上以及对该公司的欺诈指控席卷华尔街，红杉基金向股东们发出了一封信。“在我们看来，该公司CEO麦克·皮尔森在收购大量处方药方面做得很出色。”对于皮尔森，他们表示，“他的每一步举措都很激进，因此吸引了同样激进的批评者”。

红杉基金做出这番表态不仅仅是为了安抚投资者，他们实际上是真的相信威朗制药公司及其CEO。因此，当他们持有的股票暴跌时，他们做了价值投资者都会做的事情——买入更多。此次加仓后，红杉基金成了持有威朗制药公司股份最多的单一股东，持仓额占该基金资产总额的32%。在恐慌期间，鲁安一坎尼夫公司CEO大卫·波佩（David Poppe）还援引了巴菲特的一句名言，即“别人恐惧时要贪婪”。他还以伯克希尔为例，为自己的选择做辩护，他说20世纪90年代末伯克希尔的股价遭腰斩时，红杉基金持有这只股票的金额占基金资产总额的35%。伯克希尔已经东山再起，买入并长期持有这只股票是他们前所未有的好投资。这样的对比可能会让他觉得，再次加仓150万股威朗股票很合理，但红杉基金的投资者们并不买账。

麦克·皮尔森不是沃伦·巴菲特，威朗制药也不是伯克希尔·哈撒韦。《华盛顿邮报》的托马斯·希思（Thomas Heath）指出：“红杉基金与一家离岸制药公司相结合，该公司为了收购其他制药公司债台高筑，大肆削减成本和研发费用，然后将许多旧药的价格提高至天价水平。”

在为皮尔森和威朗制药公司辩护8个月后，红杉基金清仓了持有的威朗股票。在短短几个月内，这只股票的价格暴跌了90%以上，而重仓持有这只股票的红杉基金，其资产也缩水了一半。看重绩效的投资者早就取代了1970年入行、颇有耐心的投资者。标普500指数12个月的涨幅为4%，而红杉基金下跌了26.7%，这实在令人难以承受。2013年，红杉关闭了该基金，将新投资者拒之门外。在威朗制药公司危机出现后，红杉基金原本可以锁定损失。在短短几个月内，红杉的资产从90多亿美元缩减至50亿美元以下。一只股票就把有史以来最成功的基金拉下了马，所以你在投资时，要三思而后行，不要把自己置于同样的境地。

如果你想在股市赚大钱，那么你有两个选择：（1）买入多只股票，比如指数基金，并长期持有（即使这样做，也不能保证你赚大钱）；（2）买入少数几只股票，寄希望于自己的选择是正确的。在很长的一段时间里，红杉基金的选择都是正确的，但之后他们就大错特错了。即使在出现了威朗危机的情况下，他们的长期业绩纪录也是相当惊人的，但关键的一点是，如果你要集中持仓，你就必须有勇气面对与大盘截然不同的结果。当你敬畏地看着微软和苹果股价的长期走势图时，不要忘了，威朗和安然这样的股票也是存在的。

你可以采取一些措施来防止自己持有威朗这样的股票。假如你买入一家芯片制造商的股票是因为你希望它能成为下一代iPhone手机的芯片供应商，那么把你的想法写下来。若该公司没有实现你希望的结果，那么你可以拿它对抗禀赋效应。禀赋效应是人们因为拥有某件东西而赋予它更多价值的现象。写下你买入某件东西的原因可以缓解这种效应。为了防止未来陷入困境，你还可以写下止损离场计划。举个例子，假设你用投资组合内10%的资金买入了股票XYZ，其价格为每股100美元，你愿意为这只股票承担的风险为整个投资组合的5%。那么，你就可以算出你的止损价了。若其他条件相同，当股票XYZ的价格跌破50美元时，你就该止损离场了。

分散投资是缓慢而无聊的，集中投资是有趣而令人兴奋的。但是，如果你追求的是有趣和刺激，那么股市可能会让你付出高昂的代价。

CHAPTER 12

第12章

约翰·梅纳德·凯恩斯

最上瘾的游戏

> 经济学怎么可能不是行为科学呢？如果它不是，那它又是什么呢？
>
> ——查理·芒格

如今养育一个孩子的成本高达233,610.1美元，比15年前增长了41%，相当于每年增长2.3%。

从汽油到食品，再到教育和抚养孩子，价格往往随时间的推移而上涨。数百万美国人进行投资是为了跑赢通货膨胀。但那10%的人呢，他们的财富足够他们衣食无忧地生活4000辈子了，他们为什么还在投资呢？我说的不是那些为了子孙后代而投资的富人，而是那些到了六七十岁仍然在想方设法跑赢标准普尔500指数的亿万富翁。

一个坐拥10亿美元财富的60岁老人在90岁生日之前每天的花费可能超过9万美元，因此，如果投资的目的是未来的利益而推迟当前的消费，那么这些人早就是人生赢家了，他们为何还要花那么多时间去努力跑赢市场呢？这肯定另有原因。一些亿万富翁之所以仍然痴迷于市场，是因为他们被驱使着去登山了，而要登上“珠穆朗玛峰”，就要把市场的所有部分拼凑在一起。在1987年播放的纪录片《交易员》（*Trader*）中，保罗·都铎·琼斯说：

> 在大四的第二个学期，他说我一直喜欢玩双陆棋、国际象棋等游戏，他说如果你觉得这些游戏很有趣，而且真的很喜欢这种刺激，我会给你看一款最刺激、最具有挑战性的游戏。

琼斯继续解释说，一旦他实现了特定的目标，他就会停手退休。他没有明说具体的数字是多少，但现在30年过去了，他已经成为亿万富翁很长一段时间了，他仍然在管理着自己的基金。

市场每时每刻都在为潜在的侦探提供线索和琐碎的信息，这是世界上最令人上瘾的游戏，因为它永远不会结束。市场瞬息万变，当你认为自己已经厘清了头绪时，新的规则就会出现。今天的利率是多少，明天的利率是多少？过去12个月的经济表现如何，未来12个月会是什么样子？市场的表现如何？不只是股票，货币、大宗商品、房地产和债券的表现呢？这是一个宏观游戏，它摧毁的财富比它创造的还要多。

即使我们今天获悉了明天的信息，我们也不知道市场会如何反应，因为物理定律并不适用于市场。股市里没有$E = mc^2$这样的铁律。当你扔下一个八面体时，你无法预测它会朝哪个方向反弹。金融领域也是这样——血清素加上肾上腺素加上不同的时间范围，再乘以数百万参与者，结果是什么，没有人知道。

假设我们确信，在接下来的10年里，苹果公司的净利润将以每年8%的速度增长。这一信息会让你有信心买入该公司的股票吗？应该不会，原因在于，你不知道整个市场的增速有多快，不知道投资者预计苹果的净利润增速会有多快。即使我们知道了长期回报最重要的驱动因素——净利润的数据，我们也不一定能取得成功。我们不了解投资者的情绪和期望，世界上所有的博士都无法模拟它们。掌握投资所需的所有信息很困难，投资时掌握的信息不全和存在认知偏见，已经让数百万投资者吃尽了苦头。

当你对体育赛事或赛马活动下注时，你不知道哪一方会赢，但你至少知道赔率是多少。当你觉得金州勇士队（Golden State Warriors）明年将赢得总决赛的冠军时，你要知道，有这种感觉的人不止你一个。勇士队是夺冠热门，市场或者说投注赔率，反映了当前的乐观情绪。如果你赌勇士队赢得2018年总决赛的冠军，并为此押注了100美元，那么当他们真的赢得冠军时，你只会得到60.61美元。然而，如果你赌冷门球队纽约尼克斯队（New York Knicks）赢得总决赛的冠军，那么当这支球队真的赢得冠军时，100美元的赌注将会让你获得50,000美元！著名的裁判员史蒂文·克里斯特（Steven Crist）完美地解释了这个概念，他说："一匹胜算很大的马，既可能是非常好的押注对象，也可能是非常坏的押注对象，两者之间的差异只取决于一个因素：赔率。”

押注马匹或勇士队与押注股票或大宗商品之间的相似之处是显而易见的，但它们也有一个重大的区别：投资的赚钱概率由投资者的预期所决定，而且这些数据不会在任何网站上公示出来。它们是无法量化的因素，因为它们受我们情绪的影响。我们有时狂热，有时抑郁。你可以掌握世界上所有的信息，但价格是人设定的，而且鲜有人在做出决策时能掌握所有的信息。

市场应该做的和实际做的之间存在脱节，很少有人比金融界最恶名昭彰的约翰·梅纳德·凯恩斯（John Maynard Keynes）更了解这一点了。他曾经说过：

> 可以把专业的投资比作报纸上的那些竞赛游戏，参赛者必须从100张照片中选出6张最漂亮的面孔……每位参赛者都必须做出选择，不是选出他自己认为最漂亮的面孔，而是他认为最有可能吸引其他参赛者的面孔。……我们已经达到了第三个等级，我们运用智慧预测一般人所预测的一般人的意见。

投资者可以从凯恩斯身上学到很多东西，他知道，试图通过预测一般人所预测的一般人的意见来跑赢市场是不值得玩的游戏。

凯恩斯所著的《就业、利息和货币通论》（*The General Theory of Employment, Interest and Money*）一书的第12章在金融史上非常有影响力。约翰·博格写道：“这一章充满了投资智慧，我1951年读大四时撰写的论文就深受其影响……作为投资者的凯恩斯，而不是作为经济学家的凯恩斯，一直是我核心投资理念的灵感来源。”沃伦·巴菲特说：“如果你理解了《聪明的投资者》一书第8章和第20章以及《就业、利息和货币通论》一书第12章的内容，你就不需要再阅读其他任何文字了，也可以关掉电视了。”乔治·索罗斯写道：“我把自己想象成某类天神或凯恩斯那样的经济改革者。”最后，著名的知识分子彼得·伯恩斯坦（Peter Bernstein）认为，凯恩斯定义了“今天人们所理解的”风险。凯恩斯何以让这些金融巨头如此崇敬呢？

凯恩斯写了几本国际畅销书，彻底改变了机构资产管理模式，而且建构了全球货币体系。在第二次世界大战期间，他制订了英国的融资计划，而且他是布雷顿森林协议的主要拟定者，战后全球货币体系正是根据这一协议建立的。凯恩斯去世后，《泰晤士报》(*The Times*)的讣告写道："要想找到一位具有同等影响力的经济学家，就必须追溯至亚当·斯密了。"凯恩斯遥遥领先于他所处的时代，以至于当约翰·肯尼思·加尔布雷思谈到他的开创性著作《就业、利息和货币通论》时写道："在享有盛誉的经济学家中，没有人喜欢凯恩斯。但是，当他们面临改变想法或证明没有必要这样做这两个选择时，几乎所有人选择了后者。"

凯恩斯在剑桥大学国王学院(King's College, Cambridge)接受了大学教育，并于1906年开启了他的职业生涯，成了英国收入、统计和商业部印度事务处的公务员。几年后，他开始在剑桥大学(Cambridge University)授课。

第一次世界大战后，全球货币体系分崩离析。凯恩斯是英国财政部派往参加凡尔赛和平会议的代表之一，但他强烈反对协约国提出的战争损失赔偿计划。他觉得他们对德国提出的赔偿要求太苛刻了，会损伤该国的货币和经济，最终使双方两败俱伤。凯恩斯不同意这种做法，但又无力改变，于是他辞职了。他在给首相大卫·劳埃德·乔治(David Lloyd George)写的信中说："我应该让您知道，星期六我从这场噩梦中溜走了。我在这里什么也做不了。"

辞职后，他把自己的想法写进了《和约的经济后果》(*The Economic Consequences of the Peace*)一书。该书一经出版，就迅速畅销国内外。他在这本书中写道："列宁的话说得的确不错。要推翻社会的现行基础，再也没有比破坏通货更诡诈、更拿得准的手段了。"他预言道："如果我们一意孤行，蓄意使中欧陷于贫困之地，我敢预言，复仇的烈焰绝不会止息。"

随着版税和演讲酬金源源不断地涌来，凯恩斯决定利用他对经济机器的了解，从事货币投机活动。在战争之前，货币与黄金的比率是固定的，但在战争结束后，这一比率可以自由浮动，这为具有卓越洞察力的投资者提供了良机。他觉得战后的通货膨胀会使法国法郎贬值，德国马克更甚，所以他做空了这些货币以及其他一些货币。他在短短几个月之内就赚了3万美元，所以他顺理成章地迈出了下一步。1920年，他成立了一个私人联合会，为朋友和家人提供专业的理财服务。他们开局良好，到1920年4月底，他们赚了8万美元。

但随后，在短短4周的时间里，一股短暂的乐观情绪在整个欧洲大陆蔓延开来，他做空的货币迅速升值，私人联合会的资金损失殆尽。当他被迫平仓时，他所有的空头持仓都亏损了。但他没有被亏损吓倒，在得到了父亲的救助后，他重整旗鼓，继续投机。到1922年底，他积累了12万美元的资金，按今天的美元计算，这笔钱的价值接近200万美元。

凯恩斯随后大肆从事大宗商品期货投机活动，采取了与投资货币一样的自上而下方法。他不再投资波动幅度极大的法郎、德国马克和卢比了，而是转向了锡、棉花和小麦。这次的投资结果与前一次的相似。当大崩盘来临、大宗商品大幅贬值时，凯恩斯损失了80%的净资产。

1924年，凯恩斯成了国王学院的第一位财务主官，掌管该学院的财务大权。作为一名投资者，他仍在摸索自己的投资之道，这个过程需要几年的时间。任何在市场上投资过的人都与20世纪20年代凯恩斯有类似的感觉。我们打开报纸，开始构建自上而下的世界运行观。但是，弄清楚利率如何影响货币，劳动力如何影响价格，以及所有这些因素如何影响我们的投资，就相当于用不断移动的碎片拼出一张三维拼图。

当凯恩斯接管捐赠基金（endowment fund）时，该基金的投资受限很严重。当时，机构资产管理界主要关注的是房地产和债券。投资股票风险太大，大多数机构经理避开了它。但凯恩斯说服他们抽出一部分资金，创建一个全权委托的投资组合，让他可以随心所欲地进行投资。剑桥大学教授洛伊·迪姆森（Elroy Dimson）研究了相关的记录后得出的结论是，在1922到1946年间，该投资组合的年均收益率为16%，而投资市场指数的年均收益率为10.4%。（凯恩斯的投资风格多年来不断演变，他在任期前半段使用的方法与他最终获得超额收益使用的方法完全不同。）

在接管该基金时，凯恩斯变卖了地产以便投资股市。他认为，与其投资于他几乎无法控制的资产，不如投资于有每日报价和流动性强的资产。但是，当股市崩盘时，他的财务杠杆过高了，他对自己追踪信贷周期、经济扩张和收缩的能力过于自信了，这些因素造成了他的失败。捐赠基金在1930年亏损了32%，在1931年又亏损了24%。他误判了当时的形势，而且他在股市崩盘后对宏观经济的见解也没有好到哪里去。“随着利率降低，世界各地的企业可以重新运转起来……大宗商品价格将回升，农民的境遇会变好。”

凯恩斯在10年内取得的学术成就超过了大多数经济学家的一生，不过，虽然他才华横溢，但他并不能精准地把握短期市场走势。在研究他的大宗商品交易时，很难列明他的业绩数据，因为他的换手率太高了。他和我以及许多其他投资者一样，都受到了控制幻觉（illusion of control）的折磨。他认为，他可以通过频繁的交易把握自己的命运并取得成功，但他错了。他运用这种风格管理国王学院的捐赠基金，在最初的几年里获得了负的阿尔法系数，业绩很差。

被凯恩斯拖累的不只是国王学院，他还经营着一个资金池，这个资金池在股市崩盘后被清算了。“尽管凯恩斯以其傲慢和知识分子的优越感而闻名，但失去了这两笔财富的惨痛经历改变了他对最佳投资方式的看法。”此后，他完成了180度的转变，从短期投机者转变为长期投资者。市场的心理力量吞噬了他，使他对宏观经济以及货币、利率和股价之间联系的痴迷，似乎变得无关紧要了。

他开始研究企业的经营状况，关注它们的现金流、收益和股息数据，重点关注那些股价低于其内在价值的企业。凯恩斯从宏观走向了微观，从由上到下转变为由下到上。转变了思路后，他能为自己、国王学院和两家保险公司积累财富了。凯恩斯把自我放到一边，不再预测利率和货币以及它们对经济的影响了。作为一名长期价值投资者，他买入了“自己对其资产和最终的盈利能力感到满意、市场价格看似低廉的证券”。凯恩斯是宏观经济学之父，但具有讽刺意味的是，他一采用微观策略，他的投资就大获成功。

如果你能以低于其内在价值的价格买入投资产品，那么从长远来看，你战胜竞争对手的概率大于你在短期内战胜他们的概率。

凯恩斯在《就业、利息和货币通论》第12章中写道：

> 坦率地说，我们不能不承认，若要估计10年后一条铁路、一座铜矿、一家纺织厂、一件专利药品的商誉、一艘大西洋邮轮、一所伦敦市中心区的建筑物的收益，我们的知识基础太薄弱了，我们有时甚至一无所知。估计5年以后的收益也是如此。

他转向价值投资后虽然取得了成功，但也面临着一系列的挑战。价值和其他事物一样，是季节性的，你永远无法预知夏天什么时候会变成冬天。从1936年到1938年，凯恩斯失去了66%的财富，他管理的投资组合也好不到哪里去。他管理的两家保险公司的董事会对他的表现感到愤怒。（英国）全国互助人寿保险公司（National Mutual）损失了641,000英镑，董事们要求他对此做出解释。他写道：

> 我不认为以极低的价格出售资产可以补救没有以高价出售资产的失误。我认为，在下跌的市场上，机构或任何认真的投资者都不应该持续考虑是否要抛售股票，这更不是他们的责任。在市场底部，我们都应该抛售股票，都应该只持有现金，这种想法不仅很荒诞，而且会破坏整个体系。

与10年前相比，凯恩斯的思想出现了巨大的转变。

国王学院也想要他的解释。两个月后，他在给国王学院资产委员会（Estates Committee of King's College）的备忘录中写道：

> 由于各种原因，做出彻底转变的想法是不切实际的，而且是不可取的。大多数做出这种尝试的人都卖得太迟或者买得太迟了，而且经常是两者兼而有之。我现在相信，成功的投资取决于3个原则：
>
> 原则1：精挑细选出几项投资品，挑选时主要考虑的因素是，相对于未来几年内的实际内在价值和潜在内在价值以及相对于当时的替代投资，这些投资品是否便宜。
>
> 原则2：无论如何，坚持大量持有这些资产，也许会持有数年，直到实现了投资目标，或者事实证明，买入它们是错误的。
>
> 原则3：保持投资头寸的平衡，也就是说，尽管持有的单只股票的数量比较多，但投资风险要分散，可能的话，要承担方向相反的风险以作对冲。

对于一位极为自负的宏观经济学家来说，能够灵活变通地完成由上而下到由下而上的转变实属难能可贵。他接受了这个现实：预测投资者的情绪几乎是不可能的，而且大多数的预测纯属浪费时间。

每个人都喜欢把自己视为长期投资者，但我们没有注意到人生短暂的事实。凯恩斯在《货币改革论》（*A Tract on Monetary Reform*）一书中写道："长期是对当前失误的误导。从长期来看，我们都死了。"长期回报对投资者来说至关重要，但我们的投资组合每天都按市值计价，所以当市场出现短期的动荡时，长期思维会被抛到九霄云外。凯恩斯将我们受短期思维牵引的倾向称为动物精神（animal spirits），他将其描述为"一种自发的行为冲动，而不是无所作为，也不是量化收益乘以量化概率的加权平均结果"。凯恩斯是极少数不仅意识到自己的认知偏见，而且能够有效应对这些偏见的投资者之一。

从1928年到1931年，国王学院的资产缩水了近50%，而英国股市仅下跌了30%。但从1932年到1945年，凯恩斯使捐赠基金增值了869%。相比之下，英国股市同期仅上涨了23%！从短期投机转变为长期投资后，结果完全不一样了。在前半段时间里，该基金投资组合的换手率平均为56%，在后半段时间里，这一比例降至14%。

在《助推》（*Nudge*）、《非理性繁荣》（*Irrational Exuberance*）和《前景论》（*Prospect Theory*）出版之前，有凯恩斯提出的动物精神。他意识到自己可以掌握世界上所有的信息，但如果没有控制自己行为和预测他人行为的能力，这一点将毫无意义。

凯恩斯在1929年股市崩盘和随后出现的经济大萧条以及第二次世界大战期间均取得了亮眼的投资成果。他之所以能够取得这些成果，是因为他不再试图玩不可能的游戏，即在短期内以智取胜他人。即使是像他这么聪明的人也无法弄清楚一般人对一般人意见的预期。对我们这些凡人来说，从中吸取教训是显而易见的：不要玩这个游戏！要着眼于长远，要专注于资产配置。

成功的投资者构建的投资组合能让他们在牛市中捕捉到上涨趋势，不会让他们的业绩落后于大盘。在熊市中，当周围的人都失去理智时，这样的投资组合可以使投资者安然渡过危机。但这绝非易事，听起来简单，实践起来很难。

最自律的投资者非常清楚自己在不同的市场环境里会如何行为，因此他们会持有适合自己个性的投资组合。他们不会不计风险地建立一个完美的投资组合，因为他们知道，完美的投资组合根本不存在。相反，他们认可这一观点："大致正确总好过绝对错误。"一些人认为这句话是凯恩斯说的，但事实并非如此。

CHAPTER 13

第13章

约翰·保尔森

你只需赢一次

见好就收，所有出色的赌徒都是这么干的。

——巴尔塔沙·葛拉西安（Baltasar Gracian）

若有神灵出现在你面前，你想让他帮你实现什么愿望呢？绝大多数的人都会说，自己想要很多很多的钱。但是，我们要对这个心愿保持警惕。

1988年，威廉·巴德·波斯特三世（William “Bud” Post III）喜中宾夕法尼亚州乐透大奖，赢得了1620万美元的巨额奖金，但在他去世前，他却靠着每个月450美元的救济金维持生活。另一个赢得540万美元彩票大奖的艾弗琳·亚当斯（Evelyn Adams），在中奖20年后几乎一贫如洗，居住在一个活动房屋里。事实上，在赢得乐透大奖的人中，有33%的人最终走向了破产。当然，赢得彩票100%靠运气，但投资成功既靠运气，也靠超凡的技能。

股市是世界上最大的赌场，而且到处是赚钱的门路。这里有期权，有杠杆ETF，有期货合约，有无数的“赌桌”。除各种显而易见的好处外，在股市中走运的最大好处是，你的经纪账户不会让你受到审判。“股票价格翻倍的原因与你认为的一致吗？你做出决定的依据是什么？”靠运气赚的钱和靠技能赚的钱是很难区分的。

投资是激烈的脑力和欲望游戏。与你竞争的人拥有无尽的资源和无限的信息获取权，所以你更幸运的可能性要远远大于你一直比竞争对手跑得快的可能性。

虽然因幸运在股市中赚到钱是好事，但运气好的一大缺点是，我们倾向于把成功归因于技能，而不是幸运。我们会把这份信心延续到下一次投资中。有33%的彩票中奖者最终走向了破产，而所有的幸运投资者，其业绩最终会回归均值。关于这个问题，迈克尔·莫布森说：“主要的问题是，让自己处于享受好运的境地，也会让自己处于失败的境地。”一旦你因好运取得了巨大的成功，你离失败也就不会太远了。当投资者抓住了一个幸运的机会时，鲜有人会走到收银台前，交出筹码兑现，泰然离场。他们会自然而然地觉得，自己是在玩“从赌桌上赢来的钱”。为了再次体验这种突然获利的感觉，他们会继续投资，希望好运会再度降临到自己头上。约翰·保尔森就是这样一个接连撞大运的人，他的运气之好可谓前无古人，后无来者，投资者可以从他的经历中吸取重要的教训。

1994年，约翰·保尔森出资200万美元成立了对冲基金公司——保尔森公司（Paulson & Co.）。此前，他在贝尔斯登（Bear Stearns）的投资银行部工作，专门从事并购套利业务。他的投资策略简单来说就是，同时做多和做空两家拟合并的公司的股票，一般情况下是做多被收购公司的股票，做空进行收购的公司的股票。交易根据完成合并的可能性来执行。但在对冲基金界，并购套利是一个相对无聊的领域，而且也不是保尔森能大显身手的领域。让他一战成名的是他斥巨资发起了对美国房地产泡沫的全面攻击。在房地产市场崩溃后，他的资产激增至360亿美元，他也成了全球规模第二大的对冲基金的掌舵人。但是，他并没有见好就收，而是寻找下一个交易机会。在他成为有史以来收入最高的对冲基金经理的10年里，他损失了近75%的资产。今天他管理着不足100亿美元的资金，其中80%的资金属于他个人和员工。

在21世纪第一个10年中期，当美国各地都在发放二次抵押贷款、老百姓纷纷换房时，约翰·保尔森开始看空美国房地产市场。在明星分析师保罗·佩莱格里尼（Paolo Pellegrini）的帮助下，他确认这一市场出现泡沫的可能性越来越大。

如果你想在2005年获得抵押贷款，你只需要提出申请即可。举一个例子，一位墨西哥街头音乐歌手声称自己有6位数的收入，尽管对这位歌手的收入信息知之甚少，但放贷人还是同意了他的贷款申请。除了官方的收入证明外，这位歌手还附上了一张他身着演出服的照片。每周收入为300美元的草莓采摘工阿尔贝托（Alberto）和罗莎·拉米雷斯（Rosa Ramirez）与另一对每周收入为500美元的蘑菇种植户联合起来申请贷款，由于他们每月的总收入达到了3200美元，因此他们获得了每月3000美元的抵押贷款。年收入15,000美元的草莓采摘工人“有资格”获得72万美元的抵押贷款。简而言之，这就是泡沫。

2005年，大约有6250亿美元以次贷方式贷出，是当年房屋抵押贷款总额的20%，而且有24%的房屋贷款是在借款人不需要支付首付款的情况下发放的。保罗·佩莱格里尼认为住宅房地产存在泡沫，他告诉保尔森，房价即将暴跌。在2000年之前的25年里，美国房价的年均涨幅为1.4%，没有跑赢通胀。之后，在事后确认的房地产泡沫期间，房价年涨幅为之前的5倍。到2005年，房价飙涨，佩莱格里尼确信，房价暴跌只是时间问题，房价最终会回归之前25年的趋势。掌握了这些信息后，保尔森准备出手了。

问题是不能做空房子，所以他们不得不另想办法来押注房价下跌。他们学习了信用违约掉期（credit default swaps）的知识，知道了这是一种保险合同，投资者可通过这种合同对公司债务进行押注。保尔森做空房地产市场的第一次尝试是，买入为抵押贷款债券提供保险的姆比亚股份有限公司的信用违约掉期。保尔森每年投入50万美元就可以为该公司的债务购买价值1亿美元的保险。2005年，他买入了更多的信用违约掉期，这次针对的是两家大银行，即美国国家金融服务公司（Countrywide Financial）和华盛顿金融公司（Washington Financial）。

也许保尔森原本以为，他很容易就能获得有史以来最多的回报，但他很快就意识到，实现这一目标需要很长的时间。2005年9月，房价停止上涨，但他持有的信用违约掉期一直在亏钱。

如果你想赚到中彩票那么多的钱，获得1000%或更高的回报率，那么你就要站在市场预期的对立面。这时候可不是只有一两个朋友与你看法不一致，而是所有的人都与你看法不一致，人人都觉得你不可理喻。设想一下，你认为苹果公司的价值为零，整个公司的经营就是一场骗局，该公司声称的价值2400亿美元的现金也不存在。你坚信自己的想法是对的，以至于你把一生的积蓄都投资于看跌期权（put options），押注有史以来最成功的公司的股价会下跌。这就是10年前保尔森对房地产市场做的事情。一位对冲基金投资者表示，“保尔森一直在做并购套利交易，他突然间对房地产市场和次级贷款有了强烈的看法。包括市场投资大神、埃灵顿集团（Ellington）的瓦诺斯（Vranos）在内的多位投资大亨都对次级贷款持比较正面的看法”。但保尔森并不关心这些，他只是继续购买信用违约掉期，就像明天就是世界末日一样。其他交易员都认为保尔森疯了，这样的愚蠢之举会毁了他。保尔森很想听听房地产专家的意见，于是他请来了贝尔斯登的一位分析师。这位分析师向他们保证说，他们使用了可靠的模型来预测抵押贷款偿付能力和房价走势。20年来，他们一直在深入研究房地产市场，对佩莱格里尼的房地产泡沫论断不以为然。

保尔森确信自己团队的分析是正确的，但他怎么知道自己的判断是对的呢？怎么会有人知道呢？团队之外的每个人都告诉他说，他的想法太疯狂了。大多数声称自己是逆向投资者的人不愿意付出这样的情感代价。人们不喜欢自己的判断遭受质疑，但如果你不能给人留下“脑子有点不正常”的印象，你就无法获得超高的回报。

到了2007年2月，一些迹象表明，保尔森站到了正确的一边。美国第二大次级贷款机构新世纪金融（New Century Financial）宣布，该公司2006年前三季度的盈利数据不及预期，其股价应声暴跌了36%。衡量次级借款人抵押贷款价值的ABX指数从100暴跌至60。保尔森很快发现，他账面上有了12.5亿美元的浮盈。

观点正确是一回事，在现实中获利是另一回事，尤其是在管理别人的资金时，获利非常困难。保尔森的投资者看着他不断亏损，一月又一月，一个季度又一个季度，支出的保险费付诸东流，没有任何回报。后来，当他们看到有迹象表明他的判断正确，他买入的保险开始得到回报时，他们恳求他获利离场。

投资者得到的回复是“继续持有”，但你能想象坐拥10亿美元的浮盈却不将收益落袋为安吗？你晚上能睡得着觉吗？暴跌了的指数之后突然回升该怎么办？放弃这10亿美元的收益会留下永久的伤痕吗？

次贷指数ABX很快反弹到了77，保尔森的浮盈减少了一半。不过最终的事实证明，这只是一次死猫式反弹。次级借款人的违约势头开始加速。2007年，当次贷市场崩溃时，保尔森的两只信贷基金分别盈利590%和350%。保尔森公司盈利150亿美元，他个人获得了40亿美元。除了他，没有人在一年中赚到过如此多的钱！

当你在市场上赚了大钱时，你会遇到一些问题，所有人可能遇到的问题。在取得非凡的成绩后，平凡的成绩就不再能打动人心了。保尔森和大多数取得过巨大成功的人一样，很快就开始寻找下一笔大额交易机会。“这就像参加温布尔登（Wimbledon）网球公开赛，当你在某一年获得了冠军后，你不会选择放弃，而是想再赢一次。”另一个问题是，取得惊人的成功后，人可能无法控制自我。我们会过于自信，巨大的收获会让我们飘飘然，进而对收益产生不切实际的想法。

在金融危机和美联储量化宽松计划出台后，保尔森转向了新资产。他坚信未来会出现通货膨胀，所以他寻找不受通胀影响的投资品——事实上，他想买入一些在通胀环境下可能升值的投资品。这样的投资品就是黄金。因此，在2010年夏天，他买入了50亿美元的黄金，成为世界上持有黄金最多的人。

保尔森没能延续他在金融危机期间取得的成功。黄金价格自2011年达到高点后下跌了30%，而保尔森公司旗下备受关注的优势基金（Advantage Fund）当年亏损了33%以上。第二年，该基金又亏损了14%，至今仍未恢复原来的水平。在2013年反弹26%之后，该基金已经连续亏损了3年。2016年，保尔森执掌的其他多只基金也出现了亏损。优势基金的一只依靠杠杆产生更高回报的姊妹基金也遭受了总计49%的损失。保尔森的专业领域、专门从事并购和套利的一只基金，仅在2016年就亏损了25%。

2010年，保尔森是收入最高的对冲基金经理，当年他的收入为49亿美元，相当于每天收入1340万美元，每小时55,9000美元，每分钟9000美元，每秒155美元——至少按税前数据计算是如此。他一个人就能获得49亿美元的收入，但在2010年，世界上价值最高的职业足球队曼联，其价值也不过才18.3亿美元。

在过去的5年里，至少有40只美国股票（罗素3000指数成分股）的价格每年翻一番，因此投资者有很多机会获得高额收益。寻找捷径是人类的天性，人人都想找到下一个微软公司。但是，投资者在放手一搏时会遇到很多问题。第一个问题，也是最明显的问题是，好的投资机会很难找到。50家规模最大的对冲基金完成的股票交易占纽约证券交易所上市公司股票交易的50%，规模最小的对冲基金每年会花费1亿美元购买信息。想象一下，每次你去买卖股票时，你都在与复兴科技公司（Renaissance Technologies）的吉姆·西蒙斯（Jim Simons）互换股票，他就是你的对家，就是在跟你作对的人。你有可能因为好运气而寻到宝，但总是这么想就太天真了。第二个问题是，一旦你在股市里取得了巨大的成功，你就会渴望再次获得类似的机会，我们都会有这样的渴望。买入市政债券进而获得4%的免税收入与获得巨额收益的感觉天差地别。

你只需要大赚一笔就能致富。如果你因为努力工作，或者只是因为运气好而进入了收入前1%的行列，那么就别在股市里孤注一掷地冒险了，因为你已经比绝大多数人都富有了。

CHAPTER 14

第 14 章

查理·芒格

冷静应对巨额亏损

你需要耐心、自律以及冷静应对亏损的能力。

——查理·芒格·吉卜林（Charlie Munger Kiplinger）

奈飞、亚马逊和谷歌是2008—2018年里经营最成功的3家公司，它们的产品改变了我们的生活方式，长期持有它们股票的股东也获得了丰厚的利润。金融领域最古老的一条原则是，风险与回报息息相关。要想获得丰厚的回报，你就要承担巨大的风险。

自1997年首次公开募股以来，亚马逊的股价上涨了38,600%，年均复合增长率为35.5%。也就是说，当初1000美元的投资到今天增值为387,000美元。但在20年后，要把1000美元增值为387,000美元是极度困难的。亚马逊的股价曾经历过3次腰斩。其中的1次，即从1999年12月到2001年10月，其股价下跌了95%！在此期间，最初1000美元的投资从54,433美元的高点缩水至3045美元，凭空蒸发了51,388美元。所以你会明白，当你看到1只长期赚钱股时，你希望自己早就持有它的想法是愚蠢的。“我早该知道亚马逊将改变世界。”好吧，也许你应该知道。但即使你掌握了这些信息，你也不一定能长期持有其股票。

另一家革命性的公司奈飞自2002年5月首次公开募股以来，其股价上涨了38%。但要从中获利，投资者也需要做到近乎无人性的自律。从2011年7月到2012年9月，奈飞的股价曾四度腰斩，跌幅高达82%。1000美元的投资增值为36,792美元后又缩减至6629美元。投资者会眼睁睁地看着他们最初投入的资金大幅缩水吗？在此前的20个月里，奈飞的股价飙涨了500%，但这些涨幅在随后短短的14个月里化为乌有了。

谷歌是这3家公司中成立时间最晚的，自2004年该公司上市以来，其股票的年均复合增长率超过了25%。与亚马逊或奈飞的股价相比，谷歌的股价较为平稳。从2007年11月到2008年11月，其股价“只”腰斩了1次，跌幅为65%。当谷歌的股价腰斩时，许多投资者都经受不住这些卓越的公司经历的风暴。在触底前的265天里，谷歌的股价一路下跌，其股票的成交额高达8450亿美元，谷歌的平均市值略低于1530亿美元。换句话说，在此期间，每美元的股票平均被换手了5.5次，这导致许多投资者错过了在8年后获得515%收益的机会。

查理·芒格一直对投资亚马逊、奈飞或谷歌等雄心勃勃的公司不感兴趣。但他和这些公司一样，最终都取得了傲人的长期业绩，但也经历过令人难以置信的短期痛苦。芒格是伯克希尔·哈撒韦公司的副董事长，是沃伦·巴菲特的长期合作伙伴，因非凡的才智和被通俗地称为“芒格理论”的名言警句而声名远扬。他喜欢倒过来思考问题，喜欢逆向工程和逆向思维。例如，他说过，“我只想知道自己将在哪里死去，这样我就不会去那里了”。在2002年伯克希尔·哈撒韦公司的年度股东大会上，他说，“人们算计得太多，思考得太少了”。

芒格与普罗大众的一大区别是，他从不被能力范围之外的机会分散注意力。他曾说过：“我们有3个篮子：入选股、出局股和难以分析股。”投资者明智的做法是听从他的这一建议：“如果我们难以理解某只股票，我们就转向其他股票。还有什么比这更简单的做法吗？”

当今世界，新的投资产品层出不穷，对投资者来说，区分紫色和绿色诱饵很有意义：

> 我认为，可以通过我讲述的这个卖渔具之人的故事，说明我们在投资管理中做出愚蠢之举的原因。我问他：“天哪，这些鱼饵是紫色和绿色的，鱼真的会吃它们吗？”他说：“先生，我这些鱼饵又不卖给鱼。”

1948年，即在与巴菲特相识10多年前，芒格从哈佛大学法学院（Harvard Law School）毕业。他跟随父亲的脚步，开始了成功的律师职业生涯。在执业期间，他参与了房地产开发项目，赚到了第一桶金。埃德·戴维斯（Ed Davis）是巴菲特的第一批投资者，1959年，他把巴菲特介绍给了芒格，此次会面激发了芒格对投资的热情。巴菲特邀请戴维斯投资10万美元，戴维斯二话不说就答应了。戴维斯似乎没有注意巴菲特对投资策略的解释，便爽快地同意了，这让巴菲特感到很惊讶。这背后的原因是，巴菲特让戴维斯想起了另一位他完全信任的投资者，即查理·芒格。巴菲特让戴维斯想到了芒格，甚至在给巴菲特签发支票时，把收款人的名字写成了芒格。

芒格和巴菲特一拍即合。在与巴菲特交谈、学习和分享彼此的想法多年后，芒格于1962年创立了芒格、托尔斯&奥尔森律师事务所（Munger, Tolles & Olson，这家事务所至今仍在经营，芒格于1965年从该事务所离职）；还成立了一家极其成功的对冲基金公司——惠勒·芒格公司（Wheeler, Munger & Company）。

初涉基金业，芒格便赚得盆满钵满。从1962年到1969年，在扣除费用之前，该基金的年均收益率达到了令人震惊的37.1%。想想当时的环境，取得这样的成绩就更加令人难以置信了。要知道，在那8年里，选股很不容易。事实上，包含股息的标准普尔500指数同期仅上涨了6.6%。在该基金成立后的14年里，芒格的年均收益率为24%，年均复合收益率为19.82%，远高于同期仅上涨5.2%的标准普尔500指数（包含股息）。如果芒格的有限合伙人能和他一起同舟共济，他们的企业会发展得很好，但与芒格合作，就像坚守亚马逊股票一样，绝非易事。

投资者可以从这位顶尖投资高手身上学到的最宝贵的教训是，股市有起有落。在长期投资的过程中，投资者难免会经历巨额亏损。如果你不愿意接受这个事实，你就无法获得市场所能提供的长期回报。芒格曾经说过：

> 如果你不愿意对一个世纪内两三次50%或以上的股市跌幅做出平静的反应，你就不适合持有普通股，而且与那些能心平气和地接受市场波动的投资者相比，你得到平庸的投资结果是理所当然的。

沃伦·巴菲特曾这样评价芒格："他愿意接受波动幅度更大的业绩，而他恰好是个专注地运用集中投资策略的人，他的投资结果表明了这一点。"集中投资是一种保守的说法，与芒格相比，大多数运用集中投资策略的人看起来像是在做分散投资。到了1974年底，芒格执掌的基金将61%的资金投资于蓝筹印花公司（Blue Chip Stamps）的股票。在大萧条以来最严重的熊市中，蓝筹印花公司的股价暴跌，芒格持有的这只股票的巨额头寸对他的投资组合造成了严重的伤害。蓝筹印花公司的营业收入最高时达到了12,418万美元，到1982年降至900万美元，到2006年降至2.5万美元。“说到蓝筹印花公司的原始业务，在我掌管该公司时，其营业收入从1.2亿美元降至不到10万美元。因此，99.99%的亏损发生在我掌舵时。”

蓝筹印花公司的股价最终得以回升，而且成了芒格投资组合中极其重要的资产。在伯克希尔·哈撒韦公司收购喜诗糖果公司、《水牛城晚报》（*The Buffalo Evening News*）和韦斯科金融公司（Wesco Financial）期间，蓝筹印花公司的股票发挥了重要的作用。1983年，该公司被伯克希尔·哈撒韦公司收购。

1973年，惠勒·芒格公司亏损了31.9%（道琼斯工业平均指数下跌了13.1%），1974年又亏损了31.5%（道琼斯指数下跌了23.1%）。芒格说：“我们在1973—1974年的股市崩盘中遭受了重创，这不是从实际的价值来看的，而是从报价来看的，因为我们在市场上公开交易的证券的价格被压得过低了，甚至不足其实际价值的一半。”这段日子很难熬——1973—1974年是非常艰难的时期。芒格并不孤单，有很多卓越的投资者陷入了困境。从1972年12月到1974年12月，巴菲特执掌的伯克希尔·哈撒韦的股价从80美元暴跌至40美元。1973—1974年的熊市导致标准普尔500指数下跌了50%（道琼斯工业平均指数下跌了46.6%，回到了1958年的水平）。

1973年1月1日向查理·芒格的基金投资的1000美元，到了1975年1月1日仅剩下467美元。不过，芒格的基金业绩迅速反弹——1975年的收益率达到了73.2%，但业绩反弹得还不够快。芒格失去了一位大投资者，由于芒格基金之前的表现让这位投资者感到身心俱疲，他决定清算合伙企业。

即使把1973—1974年的糟糕业绩计算在内，芒格基金自成立以来的税前收益率仍高达24.3%。

价格遭腰斩的不只是高价股。任何长时间上涨的股票都必定会在某个时间点暴跌。道琼斯指数自1914年以来上涨了26,400%，但有9次的跌幅高达30%。该指数在大萧条期间暴跌了90%，直到1955年才突破了1929年的高点。从长期来看，股票的波动幅度相当惊人！反映蓝筹股行情的道琼斯指数在21世纪的前10年里经历过两次大幅度的下跌（在科技泡沫时期下跌了38%，在2007—2008年的金融危机时期下跌了54%）。

对于你我这样的普通人来说，要想在几年内或是在整个投资生涯中获得巨额回报，就要做好遭受巨额损失的心理准备。芒格曾说过，“我们热衷于把事情简单化”。你可以把你想要的一切简单化，但这仍然不能使你避免遭受巨大的损失。即使是一半股票、一半债券的投资组合，也在2007—2008年的金融危机时期损失了25%的价值。

考虑损失的方法有几种。第一种是绝对损失，即不受其他因素影响的投资损失。在芒格的案例中，他遭受过不少绝对损失。在管理对冲基金期间，他经历过53%的亏损，他持有的伯克希尔·哈撒韦公司股票的跌幅有6次达到了20%。有些人可能不清楚“跌幅”一词的意思，它指的是股价从高点下跌至低点的幅度。换言之，伯克希尔·哈撒韦公司的股价在创下历史新高后，曾六度下跌了20%。

第二种是相对损失，即你可以在其他投资中赚到的钱。20世纪90年代末，当互联网股票投资热潮席卷全国时，伯克希尔一直在自己的能力范围之内投资，这让它付出了高昂的代价。从1998年6月到2000年3月，伯克希尔的市值蒸发了49%。不仅如此，互联网股票投资热潮的持续让伯克希尔雪上加霜。在此期间，纳斯达克100指数上涨了270%！在1999年伯克希尔·哈撒韦公司致股东的信中，沃伦·巴菲特写道：“我们当然比较在意相对数字，只不过时间一久，相对较差的数字的绝对数值也肯定好不到哪里去。”

无论你是在挑选股票还是在选择指数，你都会面临相对业绩糟糕的时候。在互联网泡沫达到顶峰之前的5年里，伯克希尔·哈撒韦的股价表现落后于标准普尔500指数117%！查理·芒格没有做出任何补救行为，当时有很多人质疑说，芒格和巴菲特与新世界脱节了。

在过去的55年里，芒格的财富不断增加，究其原因，用芒格自己的话说就是：

> 沃伦和我都不是什么奇人异士，我们不会蒙着眼睛下棋，也成不了钢琴演奏家。但我们的投资业绩是惊人的，因为我们有一个性格优势，它大大弥补了我们智商的不足。

遭受损失时，你必须沉着应对。价格下跌后不是出售资产的好时机，如果你这样做了，那么你的长期回报注定会令你失望。向最优秀的人学习，不要试图避免损失，因为损失是不可能避免的。相反，你要尽力确保自己不会成为被迫的卖家（forced seller）。如果你知道一些股票的价格曾经腰斩过，而且未来这种情况一定还会再次发生，那么你就要确保，当你持有的股票下跌时，你的损失不会超出你的承受能力范围。你该怎么做呢?

方法如下。假设你有一个价值10万美元的投资组合，你知道自己能承受的最高损失额是3万美元。假设股票价格遭腰斩，债券价格保持不变（这只是一个假设，没有人能保证债券价格不变），那么你投资于股票的资金不要超过投资组合的60%。当这60%的股票的价格遭腰斩时，你应该有能力承受。

CHAPTER 15

第15章

克里斯·萨卡

尽量避免将来后悔

我的意图是尽量避免我将来后悔。

——哈里·马科维茨（Harry Markowitz）

本书的目的不是教你如何避免糟糕的投资，相反，它是为了向你表明，糟糕的投资是无法避免的。做交易难免经历艰难的时刻。在活着的投资者中，没有一个获得过1000%的收益率；事实上，连接近这一收益率的人都没有。投资者无法获得持续成功的一大原因是，我们根本没有太多的财务决策经验。智人已经在地球上生存了数千代，他们狩猎、采集，保护巢穴不受损害。然而，投资和为了退休后的生活攒钱对我们来说是非常陌生的事情，我们现在才刚刚学到一些法则。

纽约证券交易所建立于1817年，距今不到10代人的时间。指数基金只有40年的历史。如果把智人200万年的历史浓缩为一天的话，现代投资组合理论大致出现在这天的11:59:58。循着这一思路，迈克尔·莫布森问道："在过去的两秒钟里，你学到了什么呢？"

在过去的200万年里，人类的主要意图是把我们的基因传承给下一代。简单的经验法则，如"当你听到灌木丛中有动静时马上跑"，有助于我们实现这一目的。如果事实证明，灌木丛中的动静与剑齿虎无关，而是风导致的，那也没关系。这种"先跑后问"的态度帮助我们在这片土地上生存了下来，但有太多人在做出投资决策时无法抑制这种原始的本能。这种心态已经并将继续导致投资回报和投资者回报之间出现差距。在金融市场刚刚显露麻烦的迹象时就逃跑是危险的行为，因为这样的迹象从来都不是真正的威胁（如"剑齿虎"），而且"无害不罚"的规则并不适用于金融市场。

美国股市一年内的平均跌幅为14%，因此难免会出现一些风吹草动，但剑齿虎或严重的熊市很少出现。回调总是会发生，但它们很少会演变为大跌，所以每当股价下跌一点时就抛售，等待尘埃落定后再采取下一步的行动，这无异于高买低卖。在过去的100年里，我们只经历过少数几次真正可怕的股市危机：1929年的大萧条、快速交易年代之后的大跌、1973—1974年的熊市、互联网泡沫破裂，以及最近的金融危机。每当股价有所下跌就抛售股票不是明智的投资方式，因为你会经常陷入后悔情绪中，而后悔是认知偏见“工具包”中最具破坏性的一种情绪。

投资者不仅活在当下，而且还带着以往的经验，这是很危险的，因为这些经验会导致我们不断地做出不合理的对比。

投资者在思考未来情景时会过度依赖过去的经验，但不受之前决策的影响，独立地做出每一个决策是有益的。为了验证这一假设，一组研究人员对智商正常的脑部损伤者进行了研究。这些人大脑中负责逻辑思维的部分完好无损，但负责情绪的区域受损，这限制了他们体验紧张、后悔和焦虑等普通感觉的能力。《华尔街日报》在2005年报道了该研究的结果：

> 研究表明，当受试者玩一个简单的投资游戏时，缺乏情绪反应能力实际上是他们的一大优势。情绪受损的受试者更愿意参与能带来高回报的冒险活动，因为他们胆子大，不知道害怕。然而，大脑未受损的受试者在游戏中更加谨慎和被动，最终赢的钱更少。

虽然我们被告知，抛一枚被动过手脚的硬币时，其正面朝上的概率为60%，但连续4次看到反面朝上也会改变一些人的决策，即使这些人心里清楚，每次都应该押注正面朝上。“观察这些人，他们知道怎么做是正确的……但是，当他们真正进入游戏时，他们的决策会受前几轮结果的影响。”

人生来就带有后见偏差，这是我们自带“软件”中的一个缺陷，在它的误导下，我们相信，我们一直都知道未来会发生什么，但实际上我们对此一无所知。后见偏差导致我们后悔，后悔导致我们做出错误的决策。后悔以两种截然不同的方式引导着我们的意识：一是因为担心自己会做出错误的决策，所以我们什么都不做。比如，“我将保留这只表现很糟糕的基金，因为我不能在底部卖出它”。二是因为不想将来后悔自己什么都没做，因而被迫做出一些事情，比如“我将购买这只首次发行的代币（initial coin offering），因为我不能错过下一个比特币”。

你知道史蒂夫·乔布斯（Steve Jobs）和他早期的搭档史蒂夫·沃兹尼亚克（Steve Wozniak），但你可能对罗纳德·韦恩（Ronald Wayne）这个名字感到很陌生。韦恩是苹果公司的第三位创始人，但他的名字被从苹果公司的历史中抹去了，这是因为他在1976年以800美元的价格出售了苹果公司10%的股份。苹果公司目前的市值超过了9000亿美元！你永远不会有像罗纳德·韦恩这么痛苦的经历，但在某个时候，你很有可能会放弃一项业绩惊人的投资。在投资游戏中，你无法避免后悔的感觉，比如你买入了你不希望买入的投资产品，卖出了你希望继续持有的投资产品。我们可以通过研究有史以来最成功的投资大亨克里斯·萨卡（Chris Sacca）的经历来学习如何应对后悔，可以说，他是21世纪最能体会没把钱赚尽而遗憾的人。目前市值达到或超过100亿美元的私营公司只有8家，克里斯·萨卡让其中的两家从自己手里溜掉了。

10倍投资（10–bagger）指的是能使初始投资增值10倍的投资。对于大多数投资者而言，找到这样的投资无异于大海捞针，而且即便他们找到了，大多数人也缺乏将1美元增值为10美元的自控力。看着投资的股票涨幅如此之大而没有萌生贪婪之心和收益会被夺走的感觉是非常困难的。虽然在公共市场上，10倍股通常是独角兽公司发行的股票，但在私人市场，尤其是在初期，千倍股都有可能存在。在私人或公共市场投资史上，克里斯·萨卡和他的投资者经历过的这类股票可能比其他人都要多。

萨卡是早期成立的风险投资基金公司——小写资本公司（Lowercase Capital）的创始人兼董事长。萨卡在与蒂姆·费里斯（Tim Ferriss）的谈话中表示，他的第一只基金“可能是风险投资史上最成功的基金”。他们基金的收益是初始投资金额的250倍，他的早期投资者可谓“中了大奖”。让资金增值250倍是令人难以置信的成就。对比一下苹果公司的股票，它是股市有史以来表现最好的股票，要从对这只股票的投资中获得250倍的回报，你必须在1998年2月买入并一直持有它！

萨卡是发现独角兽公司的专家，因此他在不到10年的时间里就成了亿万富翁，那时他还未满40岁。独角兽公司是市值达到10亿美元的私营公司。

小写资本公司是优步（Uber）的首批投资者之一，它最初投入30万美元买入了这只概念股。最近，它持有的优步股份高达4%。优步的股票是一只5000倍股。

萨卡投资成功的一些股票包括照片墙（Instagram）、优步、众筹网站Kickstarter、思莱克（Slack）、WordPress的母公司奥托麦迪克（Automattic）、特威利奥（Twilio），最引人注目的是推特（Twitter）。到推特公司首次公开募股时，萨卡和他的基金已经累计持有了该公司18%的股份。他最初投资了500万美元，目前这笔投资的市值为150亿美元，增值了3000倍。据报道，他对推特的投资为他的投资者带来了50亿美元的惊人回报。在照片墙的第一轮融资中，萨卡投资了2000万美元，后来该公司被脸书（Facebook）以10亿美元的价格收购，萨卡的投资“仅仅”增值了50倍。

萨卡在播客栏目《蒂姆·费里斯秀》（*The Tim Ferriss Show*）中分享了4条投资法则：

1. 投资者必须清楚这一点：自己可以对结果产生直接的影响。
2. 在投资之前，必须确认投资对象很出色。萨卡想助推优秀的投资对象更上一层楼。他不想去助推一开始就表现欠佳的投资对象。
3. 耐心等待能使自己致富的交易。
4. 选择使自己引以为傲的交易，并全力以赴。

即使投资者有自己的一套投资流程并且获得了惊人的回报，他们也会做出一些令自己后悔的选择。萨卡有机会投资于21世纪一些最成功的初创企业，有些企业的股票，他一直持有，但令人遗憾的是，还有一些企业的股票，他错过了。

萨卡在谷歌工作时遇到了GoPro的创始人尼克·伍德曼（Nick Woodman）。他当时还没有建立自己的基金，但即使他建立了，他也不会投资GoPro。他对蒂姆·费里斯讲了这件事：“谷歌CEO埃里克·施密特（Eric Schmidt）说，‘嘿，你能过来和这个家伙谈谈吗？一个朋友的朋友说，我们得见见这个人’。伍德曼带着GoPro的投资方案走了进来，施密特显露出一副‘我不知道该不该投资’的神情，而我觉得，做这笔交易太愚蠢了。这个来自圣克鲁斯（Santa Cruz）的家伙怎么能和擅长硬件的亚洲人竞争呢？他无法与中国人和韩国人抗衡。我当时的反应是，这项投资毫无价值，赶紧让这家伙走人吧。”GoPro于2014年上市，市值略低于30亿美元。

萨卡没有机会投资GoPro，但他也拒绝了投资10年来一些最知名、最传奇的企业的机会。“我经常做的噩梦与我放弃的一项投资有关。”他提到他与多宝箱（Dropbox）的创始人会面时，后者还在参与硅谷创业孵化器（Y Combinator）的早期创业项目，开发文件共享服务云端硬盘（Drive）。他认为多宝箱无法击败谷歌，他甚至建议多宝箱另辟蹊径。多宝箱很幸运，其创始人没有采纳他的建议。萨卡估计，他不投资多宝箱的决定让他损失了“数亿美元”。多宝箱的估值接近100亿美元，错过对它的投资，是萨卡职业生涯中最大的失误之一。

克里斯·萨卡对比尔·西蒙斯（Bill Simmons）讲述了自己的另一个失误——错失了对色拉布（Snapchat）母公司斯耐普（Snap）的投资。当时，色拉布被广泛视为一款用以发送在工作中不适宜浏览的照片的理想应用程序。在色拉布上发送的图像（被称为快照）在被查看后几秒钟内就会自动消失。斯耐普继续开发新功能，今天的用户可以利用它创作故事，还可以永久存储照片。萨卡没有看到斯耐普的潜力，错失了投资良机。现在，色拉布的功能非常强大，就像一个体系完整的社交媒体或消息应用程序。它的用户群规模庞大，尤其深受Z世代[①]的欢迎。斯耐普于2017年上市，市值为240亿美元。哎！萨卡确实错失了一次大好的投资机会。

当西蒙斯问萨卡：“这是你最大的失误吗？”时，萨卡回答道：“我经常失误。我告诉爱彼迎（Airbnb）的人，他们做的业务不安全，有人会在合租的房子里被

① 一般指1995—2009年出生的一代人。他们一出生就与网络信息时代无缝对接，受数字信息技术、即时通信设备、智能手机产品等影响比较大，所以又被称为“网生代”“互联网世代”“二次元世代”“数字原生代”等。

强奸和谋杀。”爱彼迎目前的市值超过了300亿美元。

萨卡之所以能够公开坦率地谈论他的失误，是因为他经历过很多获利丰厚的投资。他明白，挥棒落空或者看见对方投球却不挥棒都是棒球比赛的一部分。然而，对于我们这些普通人来说，错过下一个亚马逊，或者过早地卖出其股票，都可能对我们产生灾难性的长期影响，因为这样的机会不常有。萨卡错失这些机会后仍能继续前行，而大多数人都会在内心留下深深的烙印。

后悔与极端情绪高度相关，当你获得了巨大的收益或遭受了巨大的损失时，极端的情绪就会出现。你投资1万美元买入了1只股票，结果其价格翻了一番，你会怎么做？如果你卖掉了它，你担心自己就只能赚这么多；而若你继续持有它，你又怕浮盈会蒸发。你投资1万美元买入了1只股票，结果它的价格腰斩了。你又会怎么做？如果你卖出了它，你担心它的价格已经跌至谷底了，马上就要回升了；但如果你继续持有它，你又担心其价格会继续下跌。每当我和这种处境的人交谈时，我总是问他们这样一个问题：在继续持有股票后股价腰斩和卖掉股票后股价翻倍这两种结果中，你觉得哪一种更糟糕？这两种结果都会让你产生不好的感觉，但持有股票、眼睁睁地看着所有浮盈消失比锁定收益、看着股价走高更让人精神紧张。你很容易告诉自己，出于谨慎考虑，你不卖出股票是不负责任的。你很难告诉自己，你之所以持有1只价格已经翻倍的股票，是因为你认为它的价格还会再次翻倍。

我们无法预知未来，所以要尽力避免未来后悔，这一点至关重要。提出现代投资组合理论的哈里·马科维茨曾谈到过后悔的感觉如何影响资产配置，他说：“当股市大涨，而我没有参与其中，或者股市大跌，而我完全参与其中时，我会感到悲伤。我的意图是尽量避免我将来后悔。”

当你获得巨大的收益或遭受重大的损失时，尽量避免未来后悔的最佳方法是，卖出部分股票。至于卖出多少合适，没有确切的标准，但是，如果你卖出20%后，股票价格翻了一番，你至少还有余下的80%可以继续给你带来收益。另外，如果股价腰斩，起码你卖出了一部分，你遭受的损失会减少。人们倾向于要么全部卖出，要么全部持有，实际上不一定非要这么做。非此即彼的思维注定会带来令人后悔的结果。从长远来看，尽量避免未来后悔，你投资成功的概率会大大提高。

CHAPTER 16

第16章

迈克尔·巴特尼克

照镜子

如果你把行为金融视为看向世界的一扇窗户，那么你将对自己、客户和企业造成极大的伤害。事实上，它也是一面镜子，你必须时常拿它照照自己。

——贾森·茨威格

我在前文提到过，斯坦利·德鲁肯米勒曾出现过非受迫性失误，我也曾出现过不计其数的此类失误。你可能会认为我说的太夸张了，但事实并非如此。2012年，我花费的交易佣金多达12,000美元。很难相信我的交易如此频繁，我当时还以为自己是在真正地做投资呢！第二年，我决定放慢脚步，注重股市的整体走势，采用更缓慢的长线投资法。当年美国股市上涨了32%，而我损失了近12,000美元。本书中提及的所有错误，我几乎都犯过。

我交易过很多股票，有美国铝业公司（Alcoa）的，有辛加（Zynga）的，还交易过美国和国际指数基金、债券、货币指数基金和大宗商品指数基金。交易它们时，我的“思考过程”并不都是一样的。我试过像约翰·梅纳德·凯恩斯那样从宏观角度分析问题，也试过像本杰明·格雷厄姆那样从微观层面评估公司。我一直都极为自信。在确定了买入价后，我会坚守这一价格。我过早地卖出盈利股，出现亏损时，我又不愿意及时止损。我一直在犯错，但值得庆幸的是，我在很短的时间内经历了这些错误。有些人花了几十年的时间才弄清楚怎么做对自己有利，而许多人从来没有弄清楚这一点。我是如何把失败限制在短短几年之内的呢？说来话长，我们从头谈起。

有的人在11岁时就开始炒股了，我不是那样的人，直到上了高中，我都没读过《华尔街日报》，也没有在宿舍里构建过算法。事实上，我对教育的态度成了我毕生最大的憾事。

我没有把高中的学习当回事，但我通过了SAT考试，而且成绩很好，我考上了一所优秀的商学院。上了大学后，我有些不知所措了。对自己不感兴趣的事情，我习惯于对付一下了事，所以回过头来看，当时的我没有做好准备并不奇怪，因为我确实没有做任何准备。我只是身在印第安纳州，但我并没有去上课。连课都不上的人，还能期望得到什么好成绩呢？我第一学期的平均绩点是1.2，第二学期是1.1，这样的成绩显然是学校无法接受的。有高年级的学生建议我休息一段时间，一年后再申请复学。

我回家后上了一年社区大学。经过一番努力，我的成绩有所提高，而且可以返校接着读大三。但是，无论是从情感上说，还是从心理上说，我仍然没有做好准备。当我放弃对微积分的学习时，我立刻被学校开除了。这对我的打击很大。事后来看，在20岁时跌入谷底并没有什么可怕的，但在当时，这完全是一种耻辱。我又回家了，而且这次是被学校开除了，再没有复学机会了。我记得那一天，我和父亲坐在车里，我泪流满面，父亲一言不发。他没有表现出生气的样子，他只是对我失望透顶，这让我更难受了。我不知道自己在想什么，不知道接下来该怎么办。

被学校开除一事对我打击很大，我有生以来第一次思考自己的未来，我想知道它会是什么样子的。我比别人晚了一年半才完成了大学学业，获得了经济学学位，但我仍然不知道自己想以什么职业谋生。2008年，我准备进入职场，当时美国的失业人口多达数百万。

毕业后不久，我在一家财务规划公司找到了一份工作，当时的我觉得自己是世界上最幸运的人。我在大学里的表现很糟糕，这并没有对我的就业造成严重的影响。不过入职以后我发现，我当初设想的工作与我实际做的工作完全是两码事。我的工作是把保险卖给认识的人，以及给不认识的人打电话推销保险。这份工作大约维持了一年半，对我而言，这是一次相当糟糕的经历。我没有薪水可领，还得支付租金（没错，确实如此），我也不想打着为他人制定理财计划的幌子卖保险。我为女朋友（现在已经是我妻子了）和自己买了保险，我父亲也买了一些，就是这样。除了这些，在那18个月里，我没卖出过其他保险。我为我犯下的大错付出了代价，而且这笔“学费”还要再交几年。

我在保险公司上班时，父亲把我介绍给了一位真正的财务顾问。这个家伙很喜欢我，每天都和我分享卖方的研究报告。我不清楚“笨猪五国”（PIIGS）（葡萄牙、爱尔兰、意大利、希腊、西班牙），但我喜欢他分享的这些材料，而且决定从事这方面的工作。我不知道“这方面”具体指什么，但我知道，我想待在华尔街。于是我辞掉了卖保险的工作，开始接受真正的教育。我每天都泡在图书馆里，为特许金融分析师（Chartered Financial Analyst, CFA）考试做准备。我如饥似渴地阅读金融书籍，想把过去浪费的时间弥补回来。我对这一行着迷了，它让我萌生了一种使命感。不管遇到什么困难，我都要设法进入这一行。但我必须克服一些挑战：我的履历堪称垃圾，当时的金融世界濒临崩溃，我的母亲正在与死神搏斗。

在2010年的每一天，我都会在早上开车送我的女朋友去火车站，然后在接下来的时间里工作。我的工作就是自学金融知识，希望将来能学有所成，在这一行有一番作为。我通过了CFA一级考试，感觉良好。我四处投简历，但我本应该投出去更多。我希望自己敢于毛遂自荐，向陌生人和金融机构发送电子邮件，但当时的我没有信心这么做。

2011年，我参加了CFA二级考试。当我走进考场时，我在心里问自己：“这个考场里有多少人没有行业经验？”这是我有生以来第一次为自己感到骄傲。我从一个认为教育是个笑话的人变成了一台专注的学习机器。但我这次考得很糟糕，当我走出考场时，我就知道我肯定通不过。几天后，我的母亲去世了，这是我经历过的最难以接受的事实。

母亲去世时，给我和兄弟姐妹们留下了一些钱。当时我已经拜读过约翰·博格的《投资稳赚》（*The Little Book of Common Sense Investing*）一书了，我认为指数基金投资理念很有道理。但我也读了杰克·施瓦格（Jack Schwager）的《金融怪杰》（*Market Wizards*）一书，我对成为下一个保罗·都铎·琼斯这一想法更感兴趣。

2011年，股市异常动荡，像过山车一样起伏，我做了理智但缺乏经验的人所做的事情：开始交易3倍杠杆指数基金。你可能不明白3倍杠杆指数基金是什么，我简单地做一下解释：这类产品指的是一篮子股票，它的波动幅度是基础股票的3倍。举个例子，当标准普尔500指数在一天内下跌1%时，做多型和做空型指数基金会随之下跌或上涨3%。这是合法的疯狂赌博。我是这么操作的：选择一种此类产品，我选择的是3倍做空型金融指数基金 FAZ，我买入了它，观察其价格走势，希望它能上涨。我认为可以通过大量的短线交易主宰自己的命运，后来我发现，这种认知偏见是如此普遍，以至于学界专门给它起了个名字叫"控制幻觉"。我以为在几分钟或几个小时之内完成买卖交易的话，我就不会被市场套牢。这样的想法太愚蠢了，简直无法用语言形容。过度交易可能是新手投资者最常犯的错误，我也不例外。

几个月后，我找到了一份工作，尽管只是一份临时工作，我也非常高兴，因为我可以领薪水了。在股市开盘期间，我没有机会在电脑前盯盘，因此我开始交易期权。当时，我看跌奈飞的股票，我觉得它的流媒体选项太糟糕了，我不明白它为什么要把流媒体和实体DVD分成两个独立的计划。在奈飞公布其盈利数据的前几天，我买入了看跌期权。奈飞的股价在一天内暴跌了35%，我获利了10倍多。我还迷上了每周期权（weekly options）。问题是，我一直在买入期权，而不是卖出，在所有到期的期权中，有76%的期权价值为零。我很快就明白问题出在哪里，于是放弃了这类投资。

临时工作到期后，我又回到了图书馆，继续阅读和学习，但主要是做交易。我阅读和学习的范围很广泛。我阅读过技术分析方面的书籍，研究过传统的估值指标，还观看过财经电视节目，关注过非农就业人数等经济指标。我的学习过程很混乱。我慢慢地意识到，博格的想法有道理，即击败市场是愚蠢的行为。要是没有社交平台，我不确定我是否能这样迅速地意识到这一点。我深入交易社区，看人们在社交平台上发文，处理他们的来电，观察当市场走势对他们不利和有利时，他们会说些什么。

我很快就发现，这些人当中，有99.9%是骗子。这既可悲又可怜，我不想像他们一样，每天都在互联网上度过，假装自己正在击败市场，在我这样的新手看来，实际发生的事情恰恰与此相反。我看到那些每天投身于市场的人就像傻瓜一样。我关注着可能影响市场的一切因素。我意识到，即使你今天就掌握了明天公布的信息，你也无法始终如一地洞悉市场的反应。没有所谓灵光一闪的“顿悟”时刻，你只能慢慢地意识到，玩这个游戏确实很难。传奇的金融家伯纳德·巴鲁克（Bernard Baruch）完美地阐释了这一点，他说：

> 如果你准备放弃其他一切，并且像医学生学习解剖学一样仔细研究整个市场以及所有上市大公司的历史和背景——如果你能做到这一切，而且有赌徒的冷静心态、先知的第六感和狮子的无畏勇气，你就有希望取得成功。

我对市场的兴趣越来越淡了，而且无法停止反思我之前是如何犯错并为之付出代价的。后来有一天，我收到了一封电子邮件。一家大型资产管理公司正在招聘内部批发商（internal wholesaler），一位朋友让我去参加面试。于是我有了下面的经历。

我一直有种不合理的自信，我之所以说“不合理”，是因为我从来没有做过任何值得自信的事情，但我觉得如果有人给我一个机会的话，我肯定能给他留下好印象。现在我终于得到这样的机会了。我与招聘团队里的一个人见了面，我们聊得很好。我对这份工作表现得很热情，他和我谈了下一步要怎么做，给我的感觉就好像这份工作已经属于我了一样。然后他带我去见了老板，我和老板也聊得很愉快。后来招聘经理问了我这个问题：为什么你想成为一名内部批发商？

所谓的内部批发商是为外部批发商提供支持的幕后工作人员。外部批发商要与配置资产的人接洽，他们的工作是会见理财顾问，并向后者解释，为什么应该把他们的投资产品纳入客户的投资组合中。内部批发商要为外部批发商编排时间表，通常情况下，充当后者的得力助手。所以，当招聘经理问我为什么想成为一名内部批发商时，我的回答非常离谱。我告诉他，我热爱市场，打算从事这方面的工作，为此还参加了CFA考试。他说："哇，哇，等等。你为什么想通过CFA？"至此，我的机会消失了。分析师需要CFA证书，但内部批发商不需要，我应聘的职位不对。那一刻，我简直要崩溃了。我以为有了CFA证书，就能获得一个入行的机会，但最终我被挡在了门外。

我再次回到了图书馆，继续交易、投资、阅读，继续等待机会降临。那时的我基本上是在自欺欺人。我知道我无法击败市场，但我一直在努力，因为我不知道除此之外，我还能做什么。我的人脉与金融行业没有多大的联系，即使有联系，当时的就业形势也非常严峻，我也没什么优势。几个月之后，我又得到了一次机会。这一次的机会来自一家折扣经纪公司，职位听起来很完美，我很兴奋。

面谈进行得很顺利，第二天我就接到了面试官的电话。他说了我几个月来一直希望听到的话："你没有太多经验，但我喜欢你，我会给你一个机会。"我欣喜若狂，但很快我就崩溃了。我的简历是通过人力资源部发送的，该部门的人打电话询问我信用报告上的问题。我不知道他们在说什么，但我向他们保证，我一定会查清楚。在印第安纳州读大三时，我一边做服务员，一边学习大学课程。当时我租房住，每个月都会支付房租，后来我把这件事忘了个一干二净。事实上，我的信用报告上之所以有不良记录，是因为我的一位室友没有支付房屋损害赔偿金。我花了几天时间才查明真相，不巧的是，在此期间，想给我工作机会的那个人另谋高就了。有人告诉我，新任经理会给我一个机会，但他没有。这次的经历深深地刺痛了我。

我又回到了图书馆。我开始怀疑自己了，我觉得自己可能一直在拒绝面对这个事实：我根本就不可能从事金融行业的工作。"那些孩子在高中和大学刻苦攻读是为了什么？你以为你是谁，你凭什么认为自己比他们强？理智一点，向前看吧。"我差点就想通了。这并不是说我曾制定过转行的计划，只是我在精神上几乎要认输了。此时的我仍然在为之前逃避教育的行为付出代价。

我得到了第三次正当合理的机会，这次是在金融行业之外。我其实并不在乎这次机会，因为我已经整整两年没有工作了，我已经习惯过没有正式工作的生活了，我只想继续过这样的生活。面试官问我，我在做什么，为什么我失业了这么久。我解释了自己的情况，他告诉我做期权交易时要小心，便很快打发我走人了。这次的“面试”仅仅持续了大约3分钟。

几天后，我来到麦迪逊广场花园（Madison Square Garden）观看尼克斯/热火（Knicks/Heat）系列赛的第三场比赛。当我坐下时，我看到了一封电子邮件。不是说我不知道会有这么一封电子邮件，而是没想到会收到这样的回复：“你未被我公司录用，祝好运。”赛场上，尼克斯队以0∶2的比分落后，就要惨遭淘汰了。我实在无心观赛了，于是决定离开。那一刻，我只想回家。

已到深夜，我乘坐长岛铁路（Long Island Railroad）的火车返家，途中我埋头用黑莓手机浏览推特。我最喜欢的乔什·布朗（Josh Brown）正在社交媒体平台上发文。“佐伊·克拉维兹（Zoe Kravitz）是个成年人，弗朗西丝·比恩·科本（Francis Bean Cobain）是名青少年……6年过去了，我们都变老了。”这条推文是5年前发出的，它只被转发过一次，被回复过一次，点赞数为零，但我深深地记住了它。火车进站时，我的手机没电了。这个细节很重要，要是手机还有电的话，我可能会继续埋头看手机，当那个改变我人生轨迹的人从我身边走过时，我就不会注意到他。我一直在等待的那个人出现了，我的机会来临了。

我拍了拍乔什的肩膀，他人很好，给了我几分钟时间。我介绍了自己的情况，他递给了我一张他的名片，让我以后与他联系。我妻子正在楼下等我，她问我：“那人是谁？”我说：“是乔什·布朗，我跟你说过的推特上的那个家伙。”为了便于她理解（我妻子是个真人秀迷），我又补充说：“他就是我的贝瑟尼·弗兰克尔（Bethenny Frankel）①。”

几周后，乔什在博客上发布了一篇文章，声称他和巴里（Barry）正在招募人才。我给他发了电子邮件，我们一拍即合。他是我理想的合作伙伴，是我在这个世界上最想合作的人。2012年，当我开始与乔什和巴里合作时，他们管理着大约

① 美国真人秀《纽约真正的家庭主妇》明星。——译者注

5000万美元的资金，工作人员只有他们两个人和一名助理。5年后，我也成了公司的老板。我们管理着7亿美元的资金，雇用了20名员工。

很多人都把自己的成功归因于好运气，但你通常可以看出，什么时候他们鸿运当头，什么时候他们表面谦虚，实则傲慢自大。我认为自己很幸运，我也认为这种幸运是我自己创造的。我花了数月甚至数年的时间研究市场，积累了足够丰富的知识，我主动去找乔什，向他表明，我值得他信任。但如果我从来没有告诉招聘经理我正在努力备考CFA，如果我的信用报告上没有任何污点，如果尼克斯队没有被淘汰，如果乔什没有和我在工作日晚上的11点同乘一列火车，我绝不会写这本书。毫无疑问，我能有今天的成就实在是非常幸运。

我了解了很多导致失败的方法，不只是在生活中，在市场上也是如此。很难挑出我犯过的"最大的错误"，因为我在交易中做对了一件事情，即我能够及时止损。我的亏损额从来没有超过我交易账户的1%。我在市场上学到的最重要的教训是，当你要在未来几个月甚至几年内偿还到期债务时，不要冒险投资。

我知道我将面临两笔大额财务支出：2013年12月，我将支付婚礼费用；一两年后，我将买房。我不想坐拥现金，所以我把它们都用于投资。我通过做空标准普尔500指数进行对冲，我的净多单约占持仓的80%。这样的资产配置算不上明智。市场并不关心你的目标，它不知道你打算5年后退休，也不知道你的孩子什么时候上大学，也不知道你什么时候结婚。

我心目中的一位投资英雄彼得·伯恩斯坦曾经说过："犯错是人生不可避免的一部分。"他说得完全正确。我在投资和生活中犯过很多错误，我坦然接受这一事实。无论付出了什么样的努力，我都从未有过堪称完美的经历。下次当你损失惨重、过早抛售或尝试回本时，请记住，我们都做过这样的事情。普通人和卓越的投资者之间的区别在于，后者能从错误中学习和成长，前者则被错误所阻碍。